1098

4° V 6043

Série 11

Les Broderies et les Dentelles

(Cours en quarante Leçons)

Les Broderies et les Dentelles

(2ᵉ Série)

✼

SOMMAIRE

Broderie sur toile au point de croix, au point de trait, au point lancé, au point de chaînette, etc., etc.
La tapisserie.
La broderie au crochet.
La broderie en perles et en paillettes.
La broderie en soutache et en galon.
La broderie rococo, la broderie en relief, etc.
Broderie mécanique.
La broderie à la machine Cornély et Bonace.
Les métiers suisses. — Le brûlage.
Les mélanges de broderie mécanique et de broderie à la main.

Dentelles brodées.
Dentelle Renaissance. — Luxeuil.
La dentelle d'Irlande, le crochet, le tricot, le macramé, la frivolité.
Dentelle Chantilly. — Blonde de Caen.
Dentelle Valenciennes. — Bailleul. — Ypres. — Malines. — Binche.
Dentelle duchesse, de Bruges, de Flandre, de Brabant, de Gênes, de Raguse.
Dentelle application d'Angleterre.
Dentelle application de Bruxelles.
Dentelle Honiton.
Dentelle russe, de Bohême, de Barcelone.
Dentelles mécaniques.—Calais, Caudry, Lyon, Cambrai, Nottingham.

Les Broderies
et
les Dentelles

(Cours en quarante Leçons)

par

Mlle Marguerite CHARLES ✪ O. A.

Directrice de l'École de Dessin subventionnée de la Ville de Paris (1er arrondissement),
Directrice de l'École de Dessin de la Chambre syndicale des Dentelles et Broderies de Paris,
Fondatrice-Directrice de l'Apprentissage de la Dentelle dans les Écoles municipales de Charonne.

et

M. Laurent PAGÈS ✪ I. P.

Président de la Commission du Dessin
de la Chambre syndicale des Dentelles et Broderies de Paris.

Ouvrage accompagné de nombreuses illustrations
et de planches hors texte

(1re SÉRIE)

PARIS
Société d'Édition et de Publications
Librairie Félix JUVEN
122, RUE RÉAUMUR, 122

Tous droits de traduction et de reproduction réservés pour tous pays,
y compris la Suède, la Norvège, la Hollande et le Danemark.

Les broderies et les dentelles

AVANT-PROPOS

En publiant la technologie en quarante leçons que nous offrons au public, notre but est de faciliter à une catégorie de travailleurs très intéressants, des études spéciales pour lesquelles il n'existe pas, à notre connaissance, de livres élémentaires spéciaux.

Nous nous sommes efforcés de résumer : les notions historiques ; les procédés de fabrication des broderies et des dentelles, y compris les matières premières ; les points à l'aiguille et les passes aux fuseaux, dont la connaissance est indispensable pour faire un dessin industriel exécutable, une dentelle ou une broderie possédant les mérites de beauté qui leur donnent la valeur commerciale.

L'essor pris par nos industries dentellières s'étend dans tous les pays avec une intensité provoquée par la vulgarisation de l'élégance. Notre marché souffre de la concurrence étrangère, c'est le moment de redoubler d'efforts pour conserver la suprématie du goût dans la production.

Des lois et des décrets tels que ceux de juillet 1903 resteraient insuffisants sans l'entrainement de nos forces intellectuelles, sans le travail persévérant et éclairé de tous ceux qui ont à cœur la richesse de la patrie.

Pour travailler avec fruit, chacun doit posséder l'instrument nécessaire à tous : l'instruction. Les maîtres qui ont écrit sur les broderies et les dentelles n'ont pas voulu descendre dans le minutieux examen des détails inhérents à la pratique, c'est pourquoi la pensée dominante de notre livre a été de nous attribuer cette tâche. Partant de cette idée, nous indiquerons aussi ce qui doit servir à discerner une broderie d'une dentelle, à distinguer les différents genres de chacune, à connaître leurs noms, à fixer leurs qualités et à apprécier leur valeur.

La broderie et la dentelle ont des origines et des tendances analogues, on ne saurait les séparer sans les diminuer, leur existence étant liée par des intérêts solidaires. Cependant à côté de leur aspect général, à quoi attribuer leur caractère particulier?... Effiler une broderie ou décomposer une dentelle ne peut conduire à en découvrir la provenance qu'à la condition d'avoir préalablement formé son jugement par l'acquisition de données précises ou spéciales.

Nous aborderons aussi l'étude de certains produits mécaniques qui ont atteint un degré de perfection si grand qu'on les confond parfois avec les travaux manuels. Le métier suisse est assez généralement peu connu ; il nous a paru utile à cet égard de noter quelques renseignements à la portée des artistes, des chefs d'industrie, des ouvriers et des employés, afin de créer un courant d'opinion favorable à l'introduction plus hardie de leur fabrication dans notre pays. En résumé, nous n'avons d'autre but, ni d'autre préoccupation que d'aider à préparer l'avenir de notre jeunesse industrielle en plaçant entre ses mains les éléments d'un art qui doit rester français.

Pour faciliter la compréhension de nos exposés et pour rompre l'aridité du texte, nous y avons joint le plus de dessins possible, l'image ayant toujours le privilège d'aider la mémoire.

Les Broderies
et
les Dentelles

PREMIERE PARTIE

LES BRODERIES

✻

PREMIÈRE LEÇON

Considérations générales sur les origines de la broderie et de la dentelle.

La broderie remonte à la plus haute antiquité ; selon toute probabilité, elle est contemporaine des débuts de la couture. Les peuples primitifs l'ont exécutée d'une façon tout à fait élémentaire avec les moyens dont ils disposaient, sur les peaux de bêtes et les écorces dont ils se couvraient, alors qu'avec le poinçon et l'aiguille d'os, ils se servaient des boyaux des animaux comme de fil pour confectionner leurs sauvages vêtements, et il est tout naturel qu'ils aient agrémenté ceux-ci de points grossiers destinés aussi à servir de signes distinctifs des tribus. Dans certaines peuplades de primitifs d'Afrique, les jeunes filles en âge de se marier se brodaient sur la peau des figures de fleurs et d'animaux.

Les filaments de jonc, les élytres d'insectes, les griffes de quadrupèdes, les plumes d'oiseaux, les coquillages, les noyaux des fruits furent utilisés pour donner plus d'importance aux premières broderies. Mais la broderie proprement dite n'a pu être en usage avant l'invention du tissage puisque ce dernier devait lui servir de fond ou de canevas.

Le tissage remonte à un temps immémorial. Les Chinois fixent l'origine de leur fabrication de la soierie à trois mille ans avant Jésus-Christ. L'une des ornementations les plus anciennes des tissus chinois est la broderie.

Les documents sur les temps reculés sont rares. Mais heureusement il n'en est plus ainsi à partir du commencement de notre ère. Les fouilles d'Égypte nous ont livré une moisson d'échantillons qui permettent l'étude de la broderie tant au point de vue artistique qu'au point de vue industriel; le luxe de Byzance, la civilisation romaine, la Renaissance et enfin la période des XVI° et XVII° siècles nous donnent de merveilleuses broderies. Le goût nouveau préparé par l'esprit du XVIII° siècle et par la Révolution viendra transformer les conditions des compositions du travail et de la production.

Le mot broderie signifie, en général, orner un tissu à l'aiguille ou au crochet à l'aide de dessins formés par des fils de lin, de soie, de coton, de laine, d'or ou d'argent. Le mot broderie vient du radical celtique *brozd* (pointe).

La broderie se divise en trois sortes :

La broderie blanche ;

La broderie de couleur, d'argent ou d'or ;

Et la broderie sur canevas, dite tapisserie à l'aiguille.

La broderie blanche se subdivise en feston, fils tirés, points à jours, broderie anglaise, broderie piquée, plumetis, broderie Colbert, broderie au point de croix et toutes les broderies sur toile.

La broderie de couleur se subdivise en broderie au passé, broderie en application, broderie en or, broderie au crochet, broderie en soutaches, galons, lacets, rubans, etc., broderie en perles et en paillettes.

La tapisserie à l'aiguille sur canevas se divise principalement en point de croix, point Gobelins, petit point, point de Hongrie. Ces points se subdivisent encore en une grande variété d'autres points de fantaisie.

La broderie blanche, son nom l'indique, s'exécute sur étoffe blanche avec du coton, du fil ou du cordonnet blanc aussi.

La broderie en couleur s'exécute sur un tissu quelconque avec des fils de laine, de soie, de coton, etc.

La broderie en or est un art spécial ; l'effet de cette broderie est produit par les manières différentes de fixer l'or filé ou l'or lamé sur des formes rembourrées. En dehors de l'or, de l'argent et de divers autres métaux on emploie dans la broderie d'or des fils chinés composés d'un fil d'or et d'un fil de couleur.

La tapisserie à l'aiguille se fait en laine ou en soie sur du canevas de différentes grosseurs. Puis viennent se placer les broderies mécaniques qui de nos jours sont d'un emploi courant, mélangées avec les différents genres de broderies à la main.

Les récentes fouilles d'Antinoë ont mis à jour des spécimens qu'on ne saurait attribuer à aucune autre exécution que celle des fuseaux. Avant nous M. Cox, attaché au Musée de Lyon, dans son ouvrage sur les tissus avait catégoriquement dénommé *dentelles* les objets qui lui servirent pour son étude. Le doute n'est plus permis, surtout quand on rapproche ces travaux d'origine copte des fuseaux existant dans les musées et datant des premiers siècles de notre ère. On est amené à conclure que des ouvrières habiles exécutèrent ces pièces et on peut s'étonner de voir dix siècles s'écouler entre l'époque où elles furent produites et celle où elles revécurent.

Nous laisserons de côté les légendes romanesques pour nous attacher uniquement à étudier les phases de la science des passements des fils qui peu à peu ont conduit à la création de l'industrie de la dentelle.

Le filet, ainsi que différentes manières de tordre ou d'enlacer les fils, sont aussi anciens que la broderie, et comme elle, ont précédé de longtemps notre ère.

Le filet fait en cordes de chanvre a été employé pour la pêche, la chasse, ainsi que pour protéger les animaux des piqûres des mouches.

Des fils de matières précieuses, tordus, noués et enlacés en fins réseaux, servaient à garnir les vêtements. Isaïe mentionne les entrelacs du filet chez les Hébreux. Les poèmes d'Homère décrivent les voiles de filet, tissus d'or, dont les femmes grecques étaient parées. Les Égyptiens garnissaient leurs habits d'apparat de réseaux brodés en reprise, comme nous le montrent certains personnages représentés par des bas-reliefs ou les peintures des sarcophages provenant d'Égypte.

En Phrygie, on broda sur filet des bandes dentelées merveilleuses.

Les romains garnissaient leurs toges de filet.

En suivant les siècles à travers l'obscure période du moyen âge, on trouve l'emploi persistant du filet pour l'ornement des vêtements sacerdotaux et pour le mobilier. Les Maures, les Sarrasins, les Arabes et les Espagnols ont connu et employé le filet et différentes manières de nouer les fils.

Les premiers Danois portaient des cottes de mailles garnies d'un réseau de fils d'or et d'argent, fortement tordus.

Le manipule de Saint-Cuthbert, qui a été retrouvé au xii° siècle lors de l'ouverture de son tombeau, était bordé d'un réseau brodé, indépendant de l'étoffe.

En attestant l'ancienneté du filet et de différentes façons de tordre, nouer et enlacer les fils, nous ne prétendons pas les assimiler à la dentelle, mais bien démontrer que leurs transformations successives les disposèrent et les conduisirent peu à peu à devenir de la dentelle ; cela parallèlement à la broderie à jours qui, par son perfectionnement, prépara lentement l'avènement des *points à l'aiguille*, dont l'existence était de longue date associée à la sienne.

Le lacis, les fils tirés, le point coupé devaient se transformer en un art nouveau qui, dégagé du tissu sur lequel se pose la broderie, s'exécuterait libre de tout support visible, en empruntant à la broderie à jours les meilleurs éléments de sa finesse et de sa solidité, pour devenir de la dentelle.

Si confuses qu'elles soient, les origines des dentelles doivent être recherchées sous deux manifestations principales :

Les points à l'aiguille ;

Les passements aux fuseaux.

Desquels sont dérivés les genres de dentelles que nous aurons à décrire dans cet ouvrage.

Le filet ne devint réellement de la dentelle que vers le xvi° siècle, époque où, fait à la main sur des moules spéciaux, il fut orné à l'aiguille de points de reprise et de points de feston.

Les passements aux fuseaux ont dû apparaître vers la fin du

moyen âge; travaillés sur des bâtons avec des bobines ou fuseaux rudimentaires, de la même manière que le macramé et la passementerie. C'est seulement plus tard qu'on a commencé à se servir des épingles pour l'exécution des passements.

Avant la Renaissance aucun nom caractéristique ne spécialisait les différentes catégories de ces travaux et même le xvi° siècle ne nous transmet que des classements mal définis, désignant indistinctement sous le nom de passements des travaux à l'aiguille ou des travaux aux fuseaux, ce qui établit une regrettable confusion et un manque de clarté absolu. C'est seulement au xvii° siècle qu'on distingue les *poincts à l'aiguille* des passements aux fuseaux; ces derniers devinrent peu après des *guipures* dont le nom leur est resté. La guipure (ou gimpeure) consistait en une soie roulée ou tordue autour d'un cordonnet ou d'une *cartisane* (1); son nom venait du mot *guiper* qui veut dire tordre les fils d'une frange au moyen d'un petit instrument de fer crochu d'un bout et chargé de l'autre d'un morceau de plomb. Cet instrument s'appelle *guipoir*. Ces guipures étaient faites en soie, c'était presque de la passementerie.

Pour nous résumer, nous dirons que nous croyons la dentelle issue de la broderie par l'analogie des points; du filet par les dessins à l'aiguille exécutés sur des réseaux divers, et des passements par le travail des fuseaux.

Avant de nous étendre davantage sur les rudiments de dentelles aux fuseaux découverts à Antinoë, nous admettons que l'Italie a eu la priorité dans l'industrie des dentelles à l'aiguille.

Cette opinion est soutenue par J. Seguin et par E. Lefébure, contrairement à quelques auteurs de différentes nationalités qui attribuent l'invention de la dentelle chacun à leur pays.

Notre avis est que par sa position géographique et ses relations avec l'Orient, l'Italie a certainement importé des broderies anciennes qui ont engendré l'invention des dentelles à Venise, à Gênes et dans les autres cités florissantes de la péninsule. Il est évident que les dessinateurs vénitiens ont dû s'inspirer des étoffes d'Asie pour leurs compositions de dessins de dentelles, car les formes de l'ornementation de ces tissus se retrouvent dans les dentelles d'Italie.

(1) Petite bande de parchemin.

Les publications et les recueils de dessins de dentelles publiés par :

Mathieu Pagan en 1543,
Le Pompe en 1558,
Vinciolo en 1587,
La Parasole en 1594,

et enfin par Mignerak, contribuèrent à développer le goût des dentelles qui fit fureur au xviie siècle.

Vers 1665 les industriels italiens ne parvenaient plus à satisfaire les demandes étrangères tant le luxe de la dentelle était répandu ; c'est alors que Colbert conçut le projet d'introduire en France la fabrication des dentelles, et quelques années plus tard, les *poincts de France* dépassaient en finesse leurs concurrents étrangers. Le goût de la dentelle aux fuseaux se développa à la même époque et nous verrons dans quelle mesure la dentelle à l'aiguille et la dentelle aux fuseaux furent employées concurremment l'une et l'autre, jusqu'à l'invention des dentelles mécaniques.

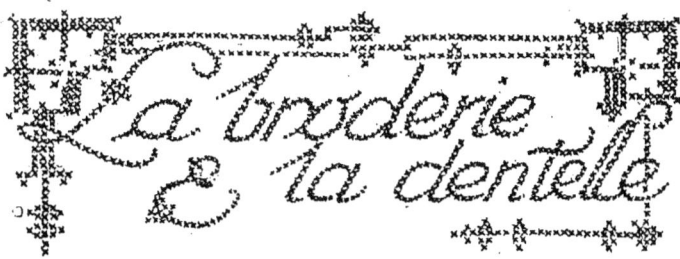

IIᵉ LEÇON

L'aiguille. — Le crochet. — Les métiers à broder. — Le dessin de broderie. — Le piquage. — Le ponçage.

L'aiguille. — Les premières aiguilles employées par l'homme des cavernes, étaient faites avec des épines, des arêtes de poisson, des os. Ces aiguilles étaient munies d'une tête arrondie comme celle des vis, et avaient plutôt l'aspect d'une épingle.

On a retrouvé dans les cavernes de l'époque magdalénienne, qui précéda celle de la pierre polie, de nombreuses aiguilles faites avec des esquilles d'os. Elles sont admirablement travaillées, leur pointe est très fine, l'extrémité la plus grosse est percée d'un chas ou bien munie d'une tête percée d'un trou rond et au-dessous de laquelle se voit un étranglement bien marqué. Ces aiguilles étaient fabriquées à l'aide d'outils en silex et on les retrouve toujours accompagnées d'alènes et de poinçons. Les aiguilles d'os, enfilées de fibres végétales ou de tendons d'animaux servaient évidemment à de très grossières coutures. Plus tard vinrent des aiguilles de bois et enfin des aiguilles de bronze, acheminement vers les aiguilles qui devaient servir à faire les coutures et les broderies des vêtements tissés.

Fig. 1. Aiguille d'os.

Les aiguilles dont nous nous servons aujourd'hui furent inventées par un Indien, en Angleterre vers 1545; puis le procédé se perdit pendant quelques années et fut heureusement retrouvé par Christophe Greening vers 1560. On ne peut se défendre d'une vive surprise en s'initiant à la fabrication des aiguilles d'acier. Le nombre d'ouvriers par les mains desquels doit passer cet outil de si petite dimension, avant d'être livré au public, est extraordinaire.

Il est important, pour broder de n'employer que des aiguilles bien trempées. Pour s'assurer qu'elles sont de premier choix il suffit d'en casser une entre ses doigts : si l'aiguille est bonne la cassure est nette et se produit après une légère résistance. Si l'aiguille est mauvaise, elle se casse comme du verre, sans résister, ou se plie comme un fil de fer. Cette expérience n'est pas d'une utilité négligeable, car on ne doit jamais se servir de mauvaises aiguilles. Une aiguille tordue donnera toujours des points de broderie ou de dentelle irréguliers; et si le chas présente des aspérités, qu'il ne soit pas absolument bien poli, il éraillera le fil, le coton, la laine ou la soie, et l'aspect du travail perdra sa fraîcheur et son fini.

Il y a des ouvrages de broderie ou de dentelle qui s'exécutent avec des aiguilles courtes et d'autres avec des aiguilles longues dont les chas sont différents. Il convient donc d'avoir un assortiment d'aiguilles de trois espèces :

Des aiguilles à coudre ;
Des aiguilles à dentelle ;
Des aiguilles à tapisserie ;

On choisit l'aiguille pour qu'elle soit en rapport avec la grosseur du fil et du tissu employés, en observant qu'elle doit être assez grosse pour préparer le trou où passera le fil et que si le chas est trop juste pour la grosseur du fil, ce dernier sera scié par le frottement et se cassera après quelques points.

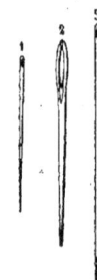

Fig. 2.
1. — Aiguille à coudre;
2. — Aiguille à tapisserie;
3. — Aiguille à dentelle.

Pour préserver les aiguilles de la rouille qui les détériore, on met de la poudre d'amiante dans les paquets et dans les étuis qui les renferment. Quand, pour une raison quelconque, on a des aiguilles rouillées, on les remet en état en les passant vivement dans une petite pelote que l'on confectionne avec de la poudre d'émeri très fine. Les aiguilles frottées plusieurs fois dans cette petite pelote reprennent leur poli primitif.

Crochet. — Le crochet est une aiguille recourbée munie d'un petit manche, il sert à exécuter le point de chaînette. Le crochet n'a pas de chas, il saisit le fil, le tord, le boucle et le passe dans l'étoffe pour y former la maille de la chaînette. Le crochet à broder, celui

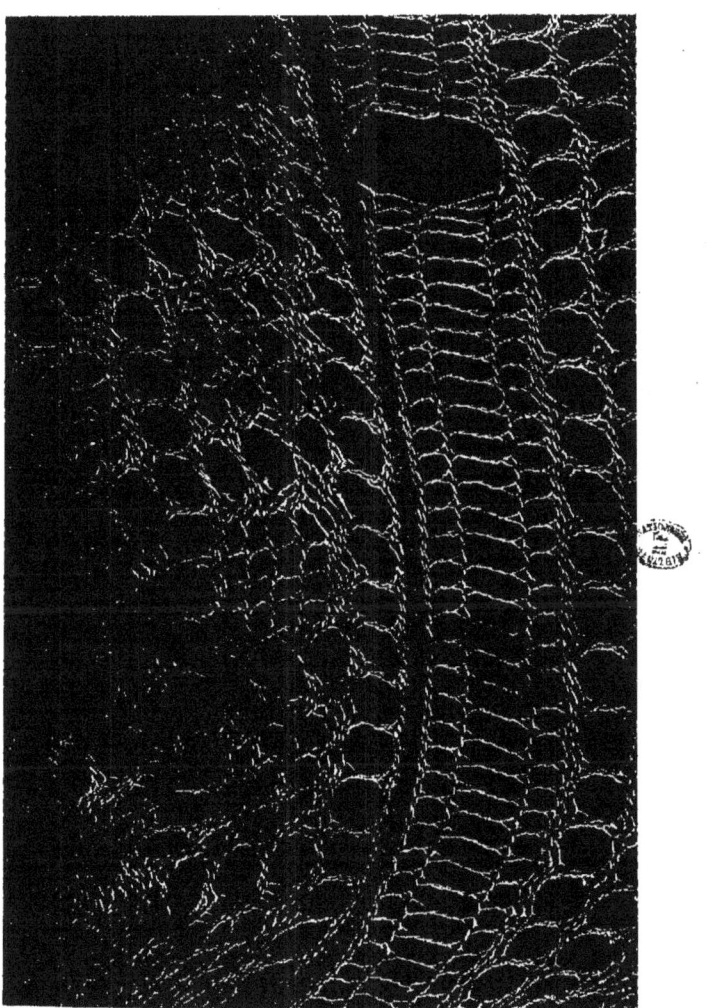

Morceau d'une dentelle de fil de lin vieil or, trouvée dans les fouilles d'Antinoë.
(*Musée de Cluny.*)

qui nous occupe pour le moment (car il y a plusieurs sortes de crochets), est court, fin, et de grosseur égale dans toute sa longueur, il est vissé dans un manche de bois ou d'ivoire particulier.

Fig. 3. — Crochet à broder.

Pour broder au crochet, on se sert d'un dé spécial qui n'est pas fermé du haut, ni soudé sur le côté, c'est une petite plaque de laiton roulée et munie d'une encoche. Le dé accélère le travail en aidant à la vitesse des mouvements ascendants et descendants que l'on opère en travaillant au crochet sur étoffe.

Fig. 4. — Dé spécial pour la broderie au crochet.

L'invention du crochet est venue de la Chine.

Comme les aiguilles, les crochets doivent être choisis avec grand soin; leur principale qualité est d'être lisses pour ne pas érailler le fil.

Métiers à broder. — On se sert de différentes sortes de métiers pour broder; il est des genres de broderie qui se font sur le doigt, mais le travail au métier est, dans beaucoup de cas, plus pratique et plus rapide.

Les métiers employés pour broder sont le métier proprement dit, composé de deux barres ou *ensouples* horizontales, garnies d'une bande de forte toile à laquelle on attache l'étoffe à broder; ces barres peuvent se rapprocher ou s'éloigner à volonté l'une de l'autre, deux traverses les réunissent à leur extrémité et déterminent la tension au moyen de chevilles. Cette tension est accentuée à la convenance de la brodeuse, par un laçage du tissu à broder sur les traverses de côté. C'est le métier employé dans l'industrie de la broderie pour les grandes pièces. On le pose sur des tréteaux; ainsi disposé il laisse à l'ouvrière toute facilité pour se

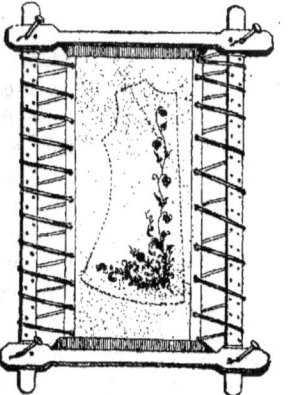

Fig. 5. — Métiers à barres.

servir des deux mains et il permet aussi aux brodeuses de travailler à plusieurs à la même pièce de broderie. Les ouvrières en broderie sont donc habituées à travailler à droite ou à gauche, selon le côté du métier qu'elles occupent. C'est l'origine des qualifications, ouvrières droitières ou ouvrières gauchères.

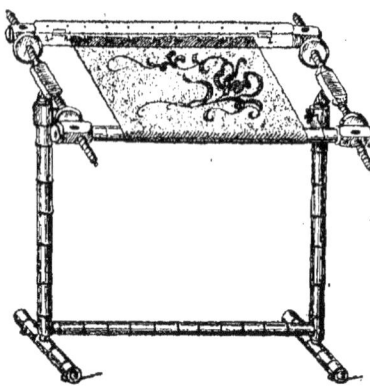

Fig. 6. — Métier à tapisserie.

Le métier dit *à tapisserie* ressemble beaucoup au précédent, avec cette différence qu'il comporte des pieds sur lesquels il est monté à charnières, ce qui permet de l'incliner en avant ou en arrière. La tension s'obtient à l'aide de vis; on y ajoute le laçage comme dans le précédent. Ce métier est employé surtout pour les ouvrages de petites dimensions et pour la tapisserie.

Le métier *au tambour* est d'origine chinoise; il se compose de cerceaux s'emboîtant les uns dans les autres. Le premier cerceau est muni d'un pied ou support à vis permettant de l'assujettir à une table. Le deuxième cerceau est libre. On pose l'étoffe à broder sur le premier cerceau de façon que le dessin se trouve au milieu du métier. On place le deuxième cerceau par-dessus, on le presse sur l'étoffe en évitant les plis et de manière à ce qu'elle se trouve également tendue et prise solidement entre les deux cerceaux.

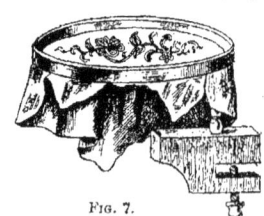

Fig. 7.
Métier au tambour à vis.

Fig. 8.
Métier au tambour à pied.

Les métiers au tambour dits aussi *métiers suisses* ne se prêtent qu'aux travaux de petite dimension.

Le métier à ensouples seul permet les ouvrages importants comme les robes, manteaux, ornements d'église, ameublements, etc.

Dessin de broderie. — Le dessin de broderie doit présenter un aspect de précision absolue. Le trait de crayon doit être net, ferme

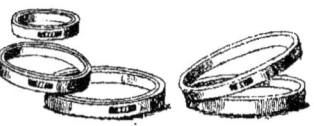
Fig. 9.
Petits métiers au tambour dits *à bague*.

et ne marquer aucune hésitation dans le contour, cela est indispensable pour le piquage des dessins. Tout entassement, tout embrouillage est à éviter soigneusement. Les formes gagnent toujours à être détachées les unes des autres dans le dessin de broderie ; celui-ci doit être simple, sans maigreur ni pauvreté, et présenter un aspect de richesse sans lourdeur ni encombrement. Même pour des articles très bon marché le dessin doit être le résultat d'une recherche et d'une science toute spéciales et arriver à éviter la banalité et surtout le mauvais goût ; il doit conserver à chaque genre de broderie son caractère précis. Le dessin destiné à la broderie doit être étudié spécialement par ceux qui veulent se consacrer à cet art.

Chaque genre de broderie ayant ses nécessités d'exécution, le dessinateur est tenu de les connaître et de s'y soumettre. C'est une étude longue et difficile, il n'y a pas à s'y tromper ; mais à ce prix seul est la réussite.

Les premières qualités exigées d'un dessinateur en broderie sont évidemment la connaissance approfondie de l'art du dessin, celle des différents styles, et de l'étude de la plante, augmentée de sa stylisation, ainsi que l'emploi judicieux qui peut être fait de la faune et de la figure humaine dans la composition des dessins de broderie, quoique ces dernières soient beaucoup moins employées que les autres. En un mot, pour aborder ce genre de dessin il faudrait être un artiste doublé d'un professionnel, très documenté sur la façon d'exécuter un dessin de broderie.

Chaque genre de broderie exige un dessin qui lui soit spécialement approprié. Les dessins de point coupé, par exemple, n'ont aucun rapport avec les dessins de broderie au passé et le dessinateur qui n'est pas capable de discerner les différences précises de chaque genre de travail ne fera jamais une œuvre profitable aux fabricants.

Nous voyons couramment des industriels acheter à des artistes de très jolies compositions, idées charmantes ou nouvelles, et se trouver régulièrement dans l'obligation de faire remettre au point ces dessins par leurs employés spéciaux ou de les corriger eux-mêmes. Ce fait est très regrettable, car le dessin initial y perd sa personnalité. Une composition gagne toujours beaucoup sous tous les rapports à pouvoir être exécutée telle qu'elle a été conçue. Au contraire, combien est simplifiée la besogne du fabricant qui peut être assuré qu'un dessin préparé pour le travail qu'il a commandé n'aura pas besoin d'être revu, ni modifié pour être exécuté et qu'il ne lui coûtera ni recherche, ni ennui !

Le dessinateur apportant un dessin exécutable bien compris est sûr d'en trouver le placement avantageux ; c'est pourquoi notre avis formel est que tout dessinateur devrait être capable, sinon d'échantillonner sa composition, tout au moins de connaître la manière de faire les points qui seront employés par la brodeuse ou la dentellière.

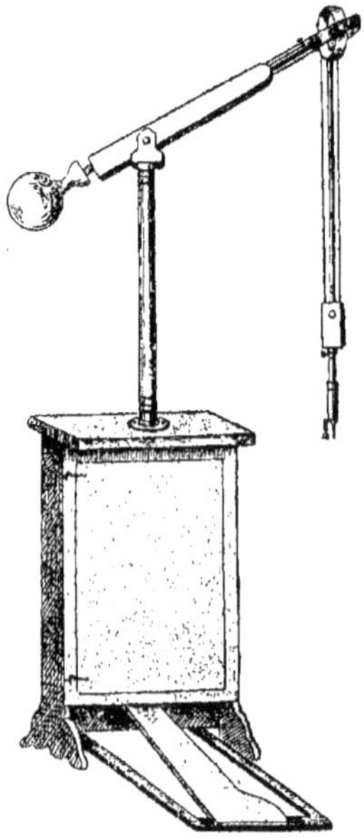

Le dessinateur en broderie ne doit jamais perdre de vue la nécessité de l'économie dans le travail ; économie de matériaux, économie de temps pour les travailleuses. Il est aisé pour celui qui connaît le métier de produire un effet agréable avec peu de chose. La simplicité, nous le répétons, est une règle indispensable ; là où un novice entasserait les points et les ornements sans arriver à un résultat satisfaisant, le dessinateur bien rompu aux principes de son travail spécial, saura avec les moindres éléments obtenir un effet excellent.

Fig. 10. — Machine ordinaire à piquer marchant au pied.

Piquage. — Pour tracer les dessins sur l'étoffe on a recours au piquage et au ponçage. Nous ne parlerons que pour mémoire des procédés du papier gras, réservé aux amateurs de même que le piquage à la main.

L'industrie emploie la machine à piquer les dessins parce que c'est le procédé le plus rapide et le plus pratique pour un travail suivi.

La machine à piquer n'est pas compliquée, elle est mise en marche par une pédale actionnant un petit mouvement d'horlogerie très simple qui fait fonctionner l'aiguille au moyen de ficelles et de poulies. Le corps de la machine se place près d'une table recouverte de feutre sur laquelle on travaille. C'est en somme une machine des plus simples, ingénieuse et dont le maniement est relativement facile à apprendre. Elle a été inventée, il y a environ un siècle, par Barthélemy, de Nancy.

Pour faire le piqué d'un dessin, on trace au crayon noir son dessin sur du papier spécial, dit *bulle à piquer*. On doit toujours se servir de deux papiers lorsque l'on pique et prendre le soin de retourner le dessin contre un papier blanc en le fixant aux quatre coins avec des épingles. On pique à l'envers du dessin pour que les trous faits par l'aiguille se trouvent ouverts du côté où tout à l'heure nous ferons le ponçage, et on pique deux papiers pour avoir un deuxième exemplaire dans le cas où on déchirerait accidentellement le premier en ponçant.

Pour de grands travaux on pique trois ou quatre papiers à la fois, alors il est bon de savonner le papier pour que l'aiguille glisse mieux.

Le dessin préparé pour être piqué se place sur le feutre de la table; avec le pied on met la pédale en mouvement et on suit le dessin avec l'aiguille. Il est important d'observer que le guide soit placé à hauteur convenable pour éviter que l'aiguille ne déchire le papier ou ne s'enfonce pas assez. Si on pique trois ou quatre papiers superposés, le guide doit être remonté et conséquemment si on en pique un seul il doit être abaissé. Le pied qui fait mouvoir la pédale doit marcher d'accord avec la main qui dirige l'aiguille. Selon que l'on veut des points très serrés, donnant l'aspect d'une ligne, ou des points gros et séparés, on fera marcher la machine plus ou moins vite. Pour la broderie blanche on pique les dessins fins; pour le drap, le velours, au contraire, on pique plus gros.

Lorsqu'on manque d'habitude pour manœuvrer la machine, il

arrive qu'on coupe le papier avec l'aiguille. L'apprentissage de piqueur ou de piqueuse n'est pas très long pour ceux qui savent dessiner puisqu'il s'agit surtout de tracer avec l'aiguille, en suivant le dessin, les traits de celui-ci. C'est une habitude à prendre pour ne pas dévier et suivre exactement les lignes. Les longues courbes s'exécutent en plusieurs traits rompus se succédant à peu près à un millimètre de distance. Les lignes droites se piquent à la règle.

Il existe une autre machine à piquer, d'invention récente. Elle est beaucoup plus petite que la machine ordinaire, c'est un instrument pratique et peu encombrant dont nous donnons un croquis. Cette machine se remonte à l'aide d'une clef comme une pendule réveil-matin dont elle a la dimension, on la suspend à une poulie attachée au plafond et munie d'un contre-poids; elle marche sans pédale et par le seul fait de la pression sur le papier d'un des guides placés près de l'aiguille; ce guide, lorsqu'on appuie dessus en suivant le dessin, produit un déclanchement qui met le mouvement d'horlogerie en action et fait agir l'aiguille.

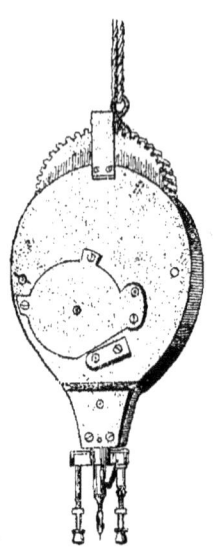

Fig. 11. — Machine à piquer à poulie marchant avec un mouvement d'horlogerie.

Quand le dessin est piqué on passe sur le papier une *pierre ponce* pour élargir les trous faits par l'aiguille et permettre à la poudre à poncer de traverser également.

Ponçage. — Pour poncer, on se sert d'une *poncette*, petit tampon que l'on fait soi-même avec des lanières de drap roulées très serrées. Sur les étoffes blanches on se sert de poudres bleues ou bitume. Sur les étoffes foncées on emploie la poudre blanche.

Les *poudres à poncer* se vendent toutes faites, mais il est préférable de les préparer soi-même à l'aide de blanc, de bleu, ou de bitume de Judée auxquels on mélange une légère quantité de résine. Le mélange se broie à la molette sur

Fig. 12. Poncettes.

un verre dépoli; après écrasement complet on passe au tamis de soie.

Pour poncer, on étend bien à plat l'étoffe destinée à recevoir le dessin, sur une grande table, où on l'immobilise en posant *des poids* dans les coins. Sur l'étoffe, on place convenablement un exemplaire du dessin piqué en ayant soin de le maintenir aussi avec des poids pour qu'il ne bouge pas. Il est essentiel de se servir de poids et de ne jamais mettre de punaises dans les étoffes. On promène en tournant et appuyant modérément la poncette garnie de poudre sur tout le dessin, en évitant de passer deux fois à la même place. Cela fait et le papier levé doucement, le dessin apparaît nettement tracé sur l'étoffe. Seulement il est effaçable, il est nécessaire de le fixer; on opère de deux manières : par vaporisation à l'essence, ou au fer chaud.

Pour fixer à l'essence, on se sert d'un vaporisateur composé de deux tubes de métal ou de verre, ou de deux plumes d'oie, maintenus à angle droit par une monture métallique; on trempe un des bouts des tubes dans une bouteille d'essence minérale et on souffle dans l'autre bout, l'essence est projetée sur le tissu en une pluie impalpable qui fait fondre les parties résineuses contenues dans la poudre à poncer et suffit à la faire adhérer.

Fig. 13.
Vaporisateur.

Pour fixer au fer chaud, on repasse l'étoffe avec un fer à repasser ordinaire en observant de poser le fer sur toutes les portions à fixer successivement, sans traîner le fer comme on le fait pour le repassage ordinaire, ce qui salirait et écraserait le dessin. Nous nous sommes appesantis sur tous les détails qui précèdent parce que nous estimons que tout bon dessinateur en broderie doit savoir piquer et poncer.

IIIᵉ LEÇON

**Principaux matériaux employés dans la broderie.
Exposé des points.**

Avant d'aborder les explications concernant chaque genre de broderie, d'en démontrer l'emploi et l'exécution pratique, il nous a paru indispensable pour la clarté des leçons qui vont suivre, de donner un aperçu des matériaux qui sont employés pour chaque espèce de broderie. Il est bien entendu que nous nous bornerons ici à une nomenclature sommaire, nous réservant de donner de plus amples détails quand nous décrirons les points dans les chapitres qui les concernent.

Dans l'antiquité les broderies étaient faites en laine, en fil de lin, en coton et en soie, en or, en argent, en perles, etc. Il en est encore de même de nos jours, mais les textiles plus nombreux, sont maintenant façonnés d'une quantité de matières différentes et portent chacun des noms nouveaux qui leur sont propres.

La laine s'emploie le plus généralement pour la tapisserie ; elle sert cependant pour des ouvrages de broderie au passé, pour les points de Boulogne sertissant les applications ; sous forme de soutache, de ganse, de galon, elle est en usage dans la broderie courante. Les laines qui servent à broder sont celles de Saxe, de Hambourg, d'Aubusson, de Beauvais. La laine des Gobelins qui se vend au poids en écheveaux dépareillés est précieuse à cause de la beauté et de la variété de ses tons.

On fabrique des laines dites : neigeuse, mousse, Thibet, mérinos, mohair, Cachemyr, cette dernière est mélangée de couleurs ; égyptienne et persane mélangées d'or ou d'argent. Ces laines de fantaisie sont surtout destinées aux travaux de crochet ou de tricot, cependant elles peuvent être et elles sont employées avec succès dans certaines broderies où le goût inventif des ouvrières sait en tirer profit.

Le fil de lin est employé pour les broderies à jours, à fils tirés, pour le point coupé, la broderie Colbert et la broderie Richelieu.

On fabrique un fil de lin plat qui sert pour un certain nombre de travaux et plus spécialement pour la broderie sur tulle.

La broderie au point de croix, la broderie au feston et au plumetis, la broderie Colbert et la broderie Richelieu peuvent s'exécuter, selon leur destination, en fil ou en coton.

Pour certains genres de plumetis et pour des broderies fantaisie on emploie le coton floche.

Il existe un coton teinté bleu vert qui sert à faire les broderies dites broderies blanches, au feston, au plumetis, broderie anglaise, etc.

Le coton perlé a le brillant de la soie, on l'emploie actuellement pour une infinité de travaux ; il y en a de chiné, d'ombré, de mélangé de métal ; souvent le coton perlé remplace la laine et la soie pour beaucoup de broderies. Il y a du coton perlé de nuances très fraîches et très variées. Le coton mercerisé sert pour une infinité de travaux à l'aiguille.

Le coton plat est employé pour la broderie sur tulle, comme le fil de lin plat.

Le coton cordonnet est usité pour le travail au crochet. On fabrique en coton une infinité de ganses, de galons et de fournitures variées pour la broderie.

La ramie est en usage aussi pour différents genres de broderie et principalement pour la tapisserie. Mais la soie demeure la matière préférée pour l'exécution des belles broderies, abstraction faite des broderies blanches, s'entend. La soie est la base de la fabrication du plus grand nombre des différentes fournitures pour la broderie en couleur.

La soie s'emploie en cordonnet pour la broderie au passé ;

En soie perlée pour la broderie au crochet au tambour ;

En soie d'Alger pour les broderies au passé et les tapisseries ;

En soie floche pour la broderie chinoise et le genre dit peinture à l'aiguille.

La soie lavable à six brins pouvant se dédoubler rend actuellement de grands services pour la broderie de la lingerie.

La soie sert à fabriquer la chenille, les soutaches, les cordonnets, les ganses, les lacets, les rubans rococos, les mousselines dont on confectionne des fleurs en relief, etc., etc. La soie végétale est actuellement très usitée pour la broderie.

L'or, l'argent et les différents métaux sont travaillés en fils de différentes grosseurs, en lames, en canetilles, en perles, en paillettes qui servent à faire la broderie dite broderie d'or dans laquelle on emploie également des cabochons troués à la base pour passer le fil avec lequel on les coud.

Les paillettes sont en métal ou en plusieurs autres matières : noires imitant le jais, changeantes, blanches ou irisées avec des reflets d'opale ; on les mélange avec des perles de verre soufflé, de verre noir ou teinté. Les paillettes et les perles sont employées surtout dans la broderie de Lunéville. Les perles de verre ont été en usage dès la plus haute antiquité et de tout temps on en a continué l'emploi.

La mode varie et apporte, pour ainsi dire, à chaque nouvelle saison, la création de fournitures inédites pour les différents genres de broderies. Il nous est impossible de les mentionner toutes à cause de leur nombre et de leur variété.

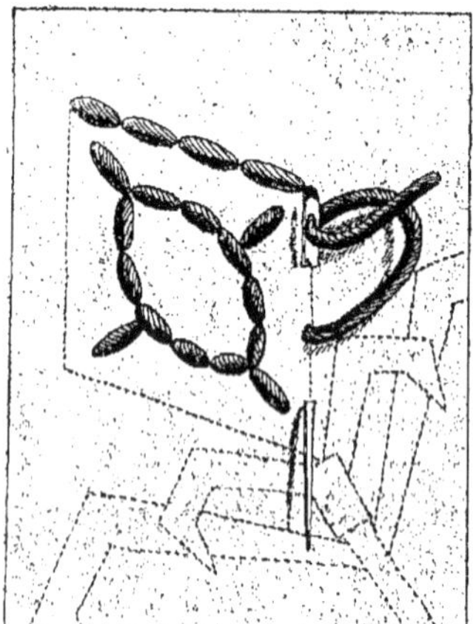

Les métiers et les machines à broder usent des mêmes fournitures que la broderie à la main. On brode sur tous les tissus, sur le canevas, sur le tulle, et aussi sur le cuir, etc. En un mot, tout ce qui peut offrir un support aux points est susceptible d'être brodé.

Nous parlerons maintenant des points principaux usités dans les différents genres de broderie et nous en donnerons un exposé rapide comme nous venons de le faire pour les matériaux qui servent à broder.

FIG. 14.
Broderie au point de trait, ou point de piqûre.

Le point le plus simple est le *point de trait* (*fig*. 14). Il n'est autre que le point de piqûre ordinaire, mais il est travaillé de façon à éviter

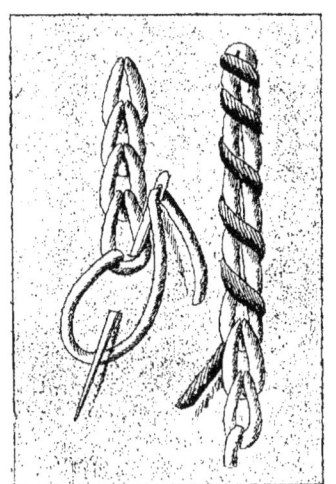

Fig. 15. — Point de chaînette ordinaire et point de chaînette avec surjet.

les passages obliques en dessous, les nœuds et toutes les irrégularités qui marqueraient un envers parce qu'il ne doit pas en avoir.

La principale chose à observer dans ce travail est de bien calculer la longueur du point par rapport au dessin pour arriver toujours à former les angles avec deux points se rencontrant. Au point de trait ou même au simple point de piqûre, on exécute des dessins sur des tissus de lin ou de coton qui sont d'un emploi courant dans la broderie dite sur toile.

Le *point de chaînette* (fig. 15) s'obtient en piquant l'aiguille à un endroit déterminé du tissu et en la faisant ressortir un peu plus loin dans une boucle du fil qui sert à exécuter le point.

Le point de chaînette se fait au tambour, à la machine; au crochet on en fait de superbes ouvrages. Il sert à broder au trait, à sertir les applications ou les motifs brodés au passé; c'est un des principaux points de broderie.

Le *point de croix* (fig. 16) est formé de deux points obliques croisés l'un sur l'autre. Généralement on le fait en

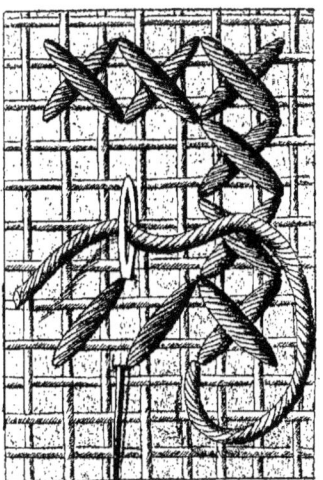

Fig. 16. — Exécution du point de croix.

comptant les fils du tissu, mais si l'étoffe est trop fine ou trop serrée, on la recouvre d'un canevas sur lequel on brode en prenant tout ensemble ; et une fois le travail terminé on retire les fils du canevas un à un et la broderie au point de croix apparaît régulière et seule sur l'étoffe.

Le point de croix sert à faire la tapisserie, à broder sur toile, à marquer des chiffres sur le linge.

Le *point de reprise* (fig. 17) se fait en tendant des fils dans une partie coupée de tissu et en passant ensuite l'aiguille dessus et dessous les fils tendus verti-

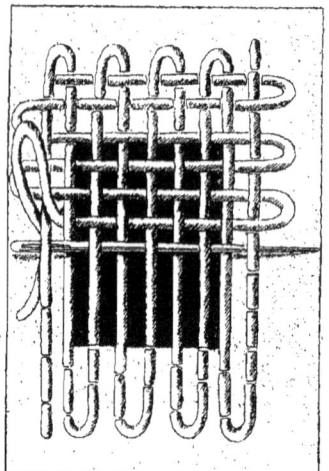

Fig. 17. — Exécution du point de reprise.

calement de manière à obtenir l'aspect de la toile. On le voit dans les milieux ajourés d'une broderie ou quelquefois entre deux galons ; le point de reprise s'emploie dans le filet brodé, dans le point coupé et dans les dentelles à l'aiguille de différents genres.

Le *point de feston* (fig. 18) se fait de gauche à droite. On doit passer un fil pour tracer le dessin sur l'étoffe ; puis, pour broder le feston, on pique l'aiguille dans le tissu au-dessus du tracé, le fil est maintenu par le pouce gauche, l'aiguille ressort en dessous du tracé passant par-dessus le fil maintenu de la main gauche. On serre le point sans faire froncer

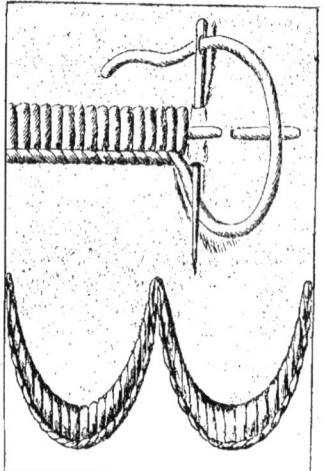

Fig. 18. — Exécution du point de feston.
Dent festonnée.

l'étoffe, puis on recommence en observant de placer les points régulièrement rapprochés les uns des autres. Le point de feston est très employé dans la broderie blanche et il est, on pourrait dire, la base des points de la dentelle à l'aiguille. Le point de feston est, plus encore que le point de chaînette, un point fondamental de broderie.

Le *point lancé* (*fig.* 19) est, comme l'indique son nom, lancé pardessus une série de fils de l'étoffe que l'on brode, il fait avancer le travail rapidement et on peut l'exécuter dans tous les sens, ce qui donne de la variété dans les effets obtenus. On

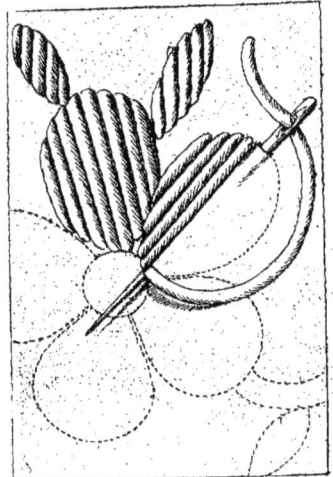

Fig. 19.
Exécution du point lancé ou point plat.

l'appelle aussi *point plat*. Ce point est employé dans une infinité de travaux à l'aiguille où il se trouve très souvent mélangé au point de trait, au point de croix et au point de chaînette.

Le *point de figures* (*fig.* 20) est une sorte de point lancé avec points obliques venant le traverser. Au moyen âge, ce point servait surtout pour les broderies représentant des animaux et des personnages, c'est de là que lui est venu son nom. Le point de figures se fait en deux tours ; on pique l'aiguille en bas sur le trait du dessin, on lance le fil en remontant et on pique l'aiguille à

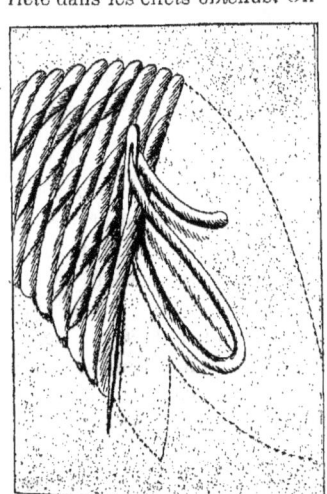

Fig. 20.
Exécution du point de figures.

nouveau dans le haut du dessin à broder, on tend sans froncer le tissu, on fait ressortir l'aiguille un peu plus bas pour recouvrir en partie le fil tendu par des longs points de surjet obliques, en ne faisant que de petits points à l'envers de l'ouvrage. Le premier et le dernier point obliqués ne doivent jamais toucher les contours.

Le point de figures, très fréquemment employé dans les broderies de style roman, a été adopté de nos jours surtout pour l'ameublement, les panneaux, les rideaux, les tapis de table, etc.

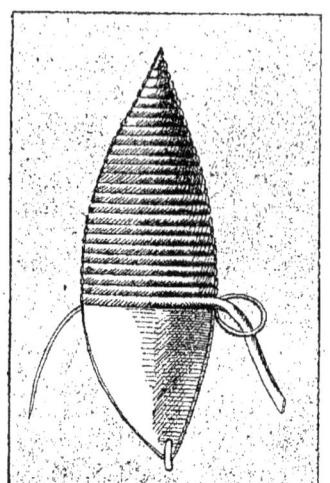

Fig. 21.
Exécution du point à fils couchés ou point de couchure.

Le *point à fils couchés* (*fig.* 21) s'applique à la broderie d'or. Cette broderie s'exécute sur un carton découpé à la forme du dessin et fixé à la colle forte sur le tissu à broder. On assortit ce carton à la couleur du métal, jaune si c'est pour de l'or, blanc si c'est pour de l'argent. Comme il faut éviter de toucher les fils de métal avec les doigts pour ne pas les ternir, on se sert pour travailler d'un instrument nommé *broche* (dont on trouvera le dessin et la description au chapitre de la broderie d'or). Le fil de métal étant enroulé sur la broche, on enfile dans une grosse aiguille un fil de soie, ciré pour être plus résistant, et après avoir fixé le fil de métal et la soie à l'extrémité du dessin à exécuter, on commence la broderie en couchant le fil de métal en travers de la forme de carton. On le fixe sur le côté opposé par un point de piqûre fait avec l'aiguille enfilée de soie cirée, puis on reconduit au moyen de la broche le fil de métal sur le premier côté où on le retient au moyen d'un nouveau point de piqûre à côté du fil de métal déjà posé et on continue à recouvrir toute la forme de carton.

La broderie à fils couchés, exécutée avec des fils d'or, d'argent ou métal quelconque, occupe le premier rang pour la richesse de l'effet parmi tous les genres de broderies. C'est un art réservé généralement à des spécialistes professionnelles, à cause des difficultés qu'il présente. Depuis le xviie siècle, ce point est adopté en Espagne, en Italie, en France et en Allemagne, surtout pour la décoration et les ornements du culte.

Après avoir décrit les points de broderie d'où les grandes variétés des autres points ont dû dériver en partie, il nous semble utile de parler :

FIG. 22. — Exécution du point croisé ou point de chausson.

du *point croisé*,
du *point d'arête*,
et du *point d'œillet*, qui sont presque du domaine de la couture, mais dont le mode d'exécution aidera à comprendre plus facilement la façon de faire certains genres de broderies que nous décrirons plus tard.

Le *point croisé* ou *point de chausson* ou encore *point russe* (*fig.* 22). Ce point se fait de gauche à droite, mais l'aiguille doit être piquée en haut dans le tissu en pénétrant de droite à gauche, elle relève quelques fils de l'étoffe, puis dirigée obliquement vers le bas, relève encore quelques fils du tissu à une distance de un demi-centimètre du point fait dans le haut. On continue en dirigeant toujours l'aiguille de droite à gauche. Exécuté en couleur, ce point est d'un usage courant pour orner la lingerie, il s'emploie également pour beaucoup d'ouvrages de broderie de fantaisie.

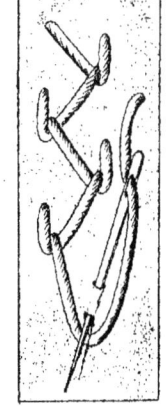

FIG. 23. — Exécution du point d'arête ou point d'épine.

Le *point d'arête* ou *point d'épine* (fig. 23) se travaille verticalement, sa largeur est facultative à condition qu'elle reste la même dans toute sa longueur. Pour faire le point d'arête, on pique l'aiguille à gauche dans le tissu, on tend le fil avec le pouce de la main gauche et on fait à droite un point vertical par-dessus trois ou quatre fils du tissu en saisissant la boucle de fil retenue par le pouce, puis, passant à gauche, on fait le même point en piquant l'aiguille à la hauteur de la boucle du point précédent. On continue en faisant toujours un point vers la droite et un point vers la gauche.

Ce point est employé en lingerie et se fait en cordonnet. Il existe des variétés plus compliquées du point d'arête, en usage pour les broderies de fantaisie en couleurs.

Le *point d'œillet* ou *de cordonnet* (fig. 24) sert à entourer des œillets et des jours. Pour l'exécuter, on trace d'abord le contour de l'œillet ou de la forme à broder avec des petits points devant. Avec des ciseaux, on enlève l'étoffe qui se trouve dans l'intérieur du dessin,

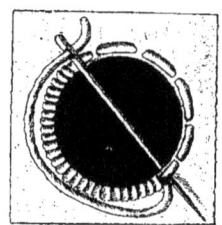

Fig. 24.
Exécution du point d'œillet.

on surfile le bord de l'étoffe coupée avec des petits points très serrés, en recouvrant bien entendu le point devant qui marque la forme de l'œillet ou du jour.

Le point d'œillet sert principalement pour la broderie anglaise; c'est son emploi le plus courant.

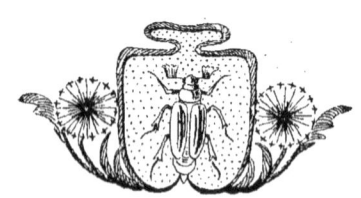

Courtepointe en point coupé, du xviie siècle. *(Musée de Cluny.)*

QUATRIÈME LEÇON

La broderie dans l'antiquité. — En Égypte, en Grèce, à Rome et à Byzance jusqu'au moyen âge.

Il est impossible de fixer la date de l'origine de la broderie, mais il semble que cet art a fleuri à son début dans les régions asiatiques. Nous allons étudier son évolution jusqu'au moyen âge.

L'ornementation des tissus est attestée dès les temps les plus reculés par l'archéologie; et les passages des écrits anciens qui la mentionnent sont nombreux, or s'il est possible d'admettre qu'à des époques aussi éloignées de nous on ait souvent confondu sous la même dénomination, les broderies, les tapisseries et le brochage, il est naturel de penser que les peuples de l'antiquité ayant atteint une très grande habileté en matière de tissage, furent à plus forte raison experts dans l'art de broder à l'aiguille.

Nous l'avons dit déjà, les documents originaux relatifs à la broderie dans l'antiquité sont rares et nous devons nous contenter de résumer ici les citations qui nous ont paru les plus claires dans les auteurs anciens et modernes pour marquer l'importance de la broderie à travers les siècles. Moïse dit dans le chapitre XXVI de l'*Exode* (1) : « Vous ferez le tabernacle en cette manière : qu'il y aura dix rideaux de fin lin retors de couleur d'hyacinthe, de pourpre et d'écarlate teinte deux fois. Ils seront parsemés d'ouvrages de broderie. »

Ce passage est expliqué en ces termes : « Le fin lin de ces rideaux servait comme de fond à la broderie qui se mettait dessus avec divers fils de couleur d'hyacinthe, de pourpre et d'écarlate. Cette broderie

---

(1) *L'Exode et le Lévitique*, traduits en français; Paris, 1683.

s'appelle dans la Vulgate *opus plumarium*, comme qui dirait un ouvrage qui imite par son art et par la variété des couleurs, les nuances des plumes des oiseaux. »

L'Exode, chapitre **XXVIII**, décrit les vêtements d'Aaron et des prêtres : le rational, l'éphod, robe de dessous, la tunique de lin qui sera plus étroite, la mitre, la ceinture.

L'Ecriture après avoir marqué en général les vêtements d'Aaron les décrit très longuement, nous ne reproduirons que les passages se rapportant à l'ornementation.

L'éphod du souverain pontife était tissue de lin de différentes couleurs entrelacé d'or.

Le rational était tissu de même que l'éphod, en lin de couleurs différentes, il se joignait inséparablement à l'éphod; les mots *doctrine* et *vérité* étaient brodés sur l'étoffe du rational.

La tunique du grand prêtre était garnie dans le bas de grenades d'or qui alternaient avec des petites sonnettes d'or.

La ceinture des prêtres faisait deux fois le tour du corps, elle était nouée par devant et tombait jusqu'à terre. Cette ceinture, selon l'historien Josèphe, était brodée de diverses fleurs représentées avec des fils d'écarlate, de pourpre et d'hyacinthe. Josèphe ajoute que la ceinture du grand prêtre était très riche.

La tiare ou la mitre des prêtres était garnie de petites couronnes faites de lin. Celle du grand prêtre était garnie d'une triple couronne d'or et sur le front d'une lame d'or très pur.

Pour augmenter la richesse des tentures, on battit l'or en lames, on le découpa en fils pour en faire des étoffes et le joindre aux broderies. C'est encore dans l'Exode que Ahobiab est cité comme un brodeur habile. La Bible parle de fines toiles ouvragées chargées de dessins à l'aiguille. Dans le livre de Salomon, il est dit que la fille du roi sera présentée au roi en des vêtements de broderie.

Le voile dont Salomon orna le temple représentait des chérubins se détachant sur un fond de pourpre et d'azur, brodés à l'aiguille.

Ezéchiel parle des ouvrages de broderie chez les Hébreux et des voiles brodées que le peuple de Tyr tendait aux mâts de ses vaisseaux.

Babylone était célèbre par ses broderies et surtout par le coloris merveilleux de ses tissus brodés. L'écrivain Josèphe rapporte que, l'an **XIX** avant notre ère, Hérode présenta au temple un voile qui était un rideau babylonien, brodé de rouge et de bleu et dont le dessin représentait l'image de l'univers, avec les astres et tous les éléments.

Il est probable que la Chine et les autres parties de l'Orient connurent de fort bonne heure l'art de la broderie. Les tissus de soie existaient dans l'empire du Milieu plus de trois mille ans avant notre ère, et à une époque moins éloignée de nous, les historiens chinois décrivent l'empereur Chan recevant des présents de ses vassaux, lui apportant des tissus de soie des plus riches couleurs. De fines broderies rehaussant ces étoffes les rendaient doublement précieuses.

Fig. 25. — Assyriens revêtus de robes brodées d'après un panneau de briques émaillées.

Fig. 26. — Personnage syrien portant une robe brodée.

Fig. 27. — Personnage égyptien portant le pagne brodé.

Nous lisons la description des plus beaux costumes exécutés par des artistes habiles dans l'art de tisser et de nuancer le fil divin, 1200 ans avant Jésus-Christ.

Ce bref résumé permettra de se rendre compte que la broderie était arrivée à un degré de perfection très avancé à ces époques lointaines, chez les peuples que nous avons cités.

Les Égyptiens dès les premiers siècles pratiquaient l'art d'orner les étoffes au moyen du tissage et de la broderie. On distingue des broderies sur les vêtements des personnages ornant les sarcophages, et les peintures de la nécropole de Thèbes nous confirment la preuve de l'emploi de la broderie pour les costumes des souverains. Malheureusement, comme nous l'avons dit déjà, les tissus de ces temps reculés n'ont pu parvenir jusqu'à nous, à part quelques très rares échantillons de pièces d'étoffe ayant enveloppé des momies, il ne reste aucun document précis. On est mieux documenté sur les premiers siècles de notre ère.

Les tombeaux ouverts ces dernières années ont permis de se rendre compte des splendeurs du passé, de la richesse et de la variété des costumes et de leur ornementation. On a trouvé parmi ces renseignements instructifs, de nombreux spécimens de tissus et de broderies Coptes, permettant d'en étudier la technique et d'apprécier à quel point l'art industriel était développé à cette époque.

Les Coptes descendent des Égyptiens, leur habileté dans la décoration des tissus était légendaire. Leur art est particulier, la composition de leurs dessins est basée sur la fleur stylisée, adjointe à des combinaisons de lignes géométriques et à des entrelacs. Les tapisseries que les Coptes travaillaient au métier sont identiques, comme procédé de fabrication, aux tapisseries exécutées actuellement à la manufacture des Gobelins. C'est pour cela qu'on les désigne sous le nom de « Gobelins Coptes ».

Pour l'histoire de l'art, la conservation des sépultures coptes est très précieuse ; elles nous fournissent une mine de documents tangibles sur l'époque grecque et romaine, les Coptes ayant tour à tour travaillé pour les Grecs et les Romains.

L'art de la broderie était très honoré en Grèce ; les femmes grecques tissaient et brodaient les tentures des sanctuaires et les vêtements. La tapisserie et la broderie entraient pour une très grande part dans la décoration des édifices.

Homère cite les broderies qu'Hécube offrit elle-même à Minerve et il dit que Pâris avait amené à Troie d'habiles brodeuses sidoniennes.

Ulysse était vêtu d'un manteau de pourpre, sur le devant duquel on voyait une riche broderie représentant un limier qui tenait un faon entre ses pattes. Ces animaux étaient figurés par l'or et semblaient avoir la vie.

Andromaque couvre de broderies une toile de pourpre. A cette époque, la broderie et la tapisserie se rencontrent sans cesse employées concurremment ; la tapisserie l'emporte même sur la broderie, nous en trouvons la preuve dans les récits qui à ce moment

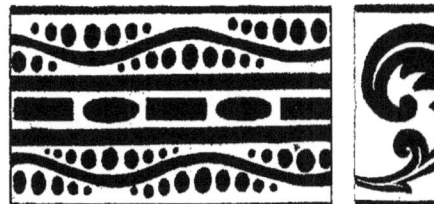

Fig. 28. — Dessins de galons et d'ornements brodés sur des costumes trouvés dans les fouilles d'Antinoë (Musée Guimet).

LA BRODERIE DANS L'ANTIQUITÉ 43

Fig. 29. — Costume brodé.
Peinture d'une amphore trouvée à Milo.

décrivent Calypso faisant courir une navette d'or sur le métier et Circé se livrant aux mêmes travaux.

Le métier de Pénélope est très nettement représenté sur un vase grec dont la fabrication remonte à 400 ans avant notre ère, il a de frappantes analogies avec le métier à tapisserie employé actuellement aux Gobelins. On peut voir également la représentation de nombreux costumes brodés sur

Fig. 30. — Manteau brodé.
Peinture d'un skiphos trouvé à Capoue.

des vases grecs du musée du Louvre.

A Athènes, des jeunes filles choisies parmi celles du sang grec le plus pur devaient broder chaque année une grande pièce de laine de couleur safran sur laquelle étaient représentés les travaux de la déesse Minerve-Athénée. Cette broderie avait nom Peplos, elle était portée en procession à la fête des Panathénées et elle était destinée à recouvrir la statue de la déesse qui était faite du bois de l'olivier sacré.

Le poète Lucain parle des voiles de fine mousseline brodée de Cléopâtre. Ces mousselines étaient importées de l'Inde ; on les employait en grande quantité : la preuve en est donnée par les sculptures et les peintures antiques, représentant des danseuses vêtues de tissus tellement légers, qu'ils laissent voir les formes de leurs corps et que l'on n'aperçoit la présence de leurs robes que par les ombres des plis et le dessin des broderies qui ornent l'étoffe.

Les Phrygiens étaient renommés dans l'art du travail à l'aiguille, c'est de leur réputation qu'est venue le nom de *Phrygionæ* donné dans l'antiquité aux ouvrages provenant de la Phrygie.

L'art romain n'atteignit son complet développement que lorsqu'il eut profité de l'art grec. Dans l'art romain, on sent que la préoccupation de la richesse prime celle de la beauté.

Sous le règne des Antonins, la recherche du fini devint la préoccupation dominante. Le luxe des vêtements surchargés d'ornements très détaillés fut une des formes de la dégénérescence du goût. Alors, la broderie à l'aiguille, avec la finesse de ses effets, régna en maîtresse et elle détrôna la tapisserie, non seulement dans le vêtement, mais aussi pour les tentures murales.

Jusqu'au III° siècle les empereurs romains portaient la toge de pourpre sans ornement ; Aurélien inaugura le premier le luxe des vêtements surchargés de broderies. L'or, les perles, les pierres précieuses furent employés à garnir sa toge, rien ne lui paraissait assez somptueux pour son costume.

Le goût des broderies déjà si grand à Rome acquit encore un développement supérieur lorsque le siège de l'empire fut transporté à Byzance ; la richesse de l'ornementation des tissus fut portée à un degré inconnu jusqu'alors. La soie ne semblait plus suffisante, on couvrit les étoffes de fils d'or et on enchâssa dans les broderies des pierres de couleur qui en rehaussaient encore l'éclat.

Au lieu des plis harmonieux des toges unies en étoffe souple, on ne vit plus que des vêtements raidis et alourdis par la quantité des broderies qui les couvraient. C'est à peine si, sous la surcharge des ornements, on pouvait deviner les lignes du corps humain. Un auteur du IV° siècle, raconte que, lorsque des hommes ainsi vêtus passaient dans la rue, on les regardait comme des murailles peintes.

L'impératrice Théodora portait sur le bas de sa robe une broderie représentant l'adoration des Mages : cette ornementation était certai-

Fig. 31 — Fragment, grandeur naturelle, d'une broderie au point de chaînette, datant probablement de la fin du VIIe siècle (Musée du Louvre).

nement brodée à l'aiguille. Un sénateur romain avait jusqu'à 600 figures brodées sur son costume d'apparat. Du reste, pour la période byzantine, les documents que l'on voit dans nos musées valent mieux que tous les documents écrits. C'est ainsi que les Coptes nous révèlent l'utilisation des broderies ou des tissus décorés, par des coussins, des tapis, des morceaux de costumes, dont la conservation parfaite permet de déterminer même les garnitures. Ce sont des tuniques ornées d'empiècements au cou et de galons aux manches; ces tuniques sont garnies également d'ornements brodés ou faits en tapisserie au métier, découpés et cousus ensuite sur l'étoffe. La tunique s'arrêtait aux genoux; les femmes en portaient en dessous une deuxième qui descendait jusqu'aux pieds et qui était ornée de broderies comme la première, la *paragaude* qui est venue de la courroie attachant les cuirasses et qui s'est allongée en ornement brodé. Le manteau était fait d'une pièce d'étoffe carrée, se portait sur la tunique et s'attachait sur l'épaule droite au moyen d'agrafes en bijouterie. Les ornements de ces vêtements étaient d'une variété infinie, d'une fantaisie charmante où se révèle une science profonde de la composition; qu'ils soient en broderie ou en tapisserie, ces ornements de vêtement et ces fragments de tissu offrent aux dessinateurs des ressources aussi nombreuses qu'elles sont intéressantes, car la jeunesse travailleuse ne doit pas oublier qu'il faut connaître les lois artistiques du passé et qu'il est indispensable aux bons compositeurs de les étudier sérieusement. Nos musées sont ouverts à tous, leurs richesses sont trop peu connues et trop peu utilisées par les intéressés.

A Byzance, la broderie avec ses hauts reliefs et l'accumulation des pierreries avait encore son emploi dans le harnachement des chevaux. L'or y était usité en fils et en torsades aussi bien qu'en plaques enchâssées dans le cuir avec les pierres, les verroteries et les perles de couleur. Les franges étaient garnies de façon analogue; tout cela formait un ensemble d'une opulence sans égale, bien fait pour resplendir sous le soleil de l'Orient.

Au début de la conquête musulmane, les arts textiles prirent un nouvel essor. Peu à peu le costume subit des modifications, la mode imposa des tissus entièrement décorés. La broderie à ce moment s'applique à tous les objets: non seulement les harnais, mais les bottes, les chaussures, les fourreaux de sabre et de poignards sont des œuvres de broderie des plus remarquables. On brode richement les tentes des chefs, et que les tapis qui les ornent soient brodés ou tissés, leurs coloris sont toujours admirables et la fabrication actuelle n'a pu les surpasser.

C'est à la fin du vi° siècle que la Chine a laissé pénétrer le secret de l'élevage des vers à soie par l'Occident, c'est à dater de ce temps qu'on a connu aussi les métiers à tisser la soie ; jusqu'alors, la laine et le lin avaient été plus couramment employés. On achetait avant cette époque une livre de soie pour une livre d'or ; naturellement les broderies de soie étaient chères.

L'avènement de la dynastie des Sassanides avait été pour la Perse le signal d'une vraie renaissance et l'inauguration d'une ère de splendeur nouvelle. Les civilisations byzantines et sassanides furent parallèles : au vii° siècle, les compositions de broderies d'art byzantin et d'art sassanide affectent les roues tangentes ou isolées, les lignes horizontales, les losanges et, enfin, les motifs répétés et disposés en semis. La flore se stylise de plus en plus. L'animal est employé, affronté ou adossé. Les guerriers et les chasseurs sont représentés sur les tissus brodés. C'est l'acheminement définitif vers la période arabe qui commence au viii° siècle.

L'art de la broderie ne s'éteignit pas avec l'empire byzantin, la querelle des iconoclastes fit émigrer à Rome de nombreux artistes et les Grecs conservèrent les meilleures traditions de l'art de la broderie. Un des plus remarquables échantillons de broderie byzantine représente l'empereur Constantin à cheval recevant l'hommage de l'Orient et de l'Occident personnifiés par deux reines. Cette pièce remarquable par son caractère et sa netteté d'exécution est conservée dans le trésor de Battenberg.

Dans les contrées occidentales la broderie a été pratiquée en des manifestations beaucoup plus simples et cependant intéressantes.

Quand la civilisation romaine s'affirma dans les Gaules, quand le pays se couvrit d'abbayes, au temps des Carlovingiens, un élan fut donné à la production de la broderie. Du ix° au xi° siècle, la barbarie envahit l'Europe ; l'importation orientale faisant défaut, ce furent les monastères qui prirent l'initiative de la broderie pendant la première moitié du moyen âge. Le fameux monastère de Saint-Gall en Suisse contenait de très importants ateliers de broderie. Un grand luxe funéraire existait à cette époque : à leur mort les grands personnages étaient revêtus d'étoffes richement brodées.

Charlemagne encouragea les arts, sa mère et ses filles brodaient. Sa sœur sainte Gisèle enseignait, aux nonnes des couvents qu'elle avait fondés, les travaux à l'aiguille. Dans les broderies du temps de Charlemagne les aigles sont le principal motif d'ornementation.

Le trésor de Saint-Denis conserve les chaussures brodées de Charlemagne.

Le musée de Bayeux possède la fameuse broderie de la reine Mathilde ; c'est un ouvrage curieux et très important, il étonne par sa dimension : 70 mètres de long sur 50 centimètres de haut. Cette broderie est exécutée en points de laine sur de la toile.

A partir du xie siècle l'historique des points, fait à chacun des chapitres de cet ouvrage, expliquera suffisamment l'histoire de la broderie sans que nous ayons à nous y appesantir davantage ici.

Pour plus de clarté nous avons désiré passer en revue les temps anciens sur lesquels il n'est guère possible de faire de leçons d'exécution pratique ; mais, à partir de la deuxième moitié du moyen âge, les documents sont nombreux et permettent de décomposer les points pour en donner l'explication détaillée.

CINQUIÈME LEÇON

La broderie à fils tirés. — Les jours sur toile.

Historique. — Certains passages des écrits des auteurs grecs et latins semblent indiquer que la *broderie à fils tirés* était connue dans l'antiquité. Il est en effet admissible de croire que les brodeurs de l'Orient aient eu l'idée de retirer des fils des merveilleuses mousselines fabriquées dans l'antiquité et qu'ils aient cherché à obtenir par ce moyen une ornementation destinée à enrichir les écharpes, les voiles et les tuniques, faites du *fin lin retors* dont il est si souvent question dans l'Écriture.

La broderie à fils tirés était connue très anciennement à Constantinople. Elle paraît avoir été en usage en Angleterre vers le VIIe siècle, car le linceul trouvé dans la tombe de l'évêque saint Cuthbert était orné d'une bordure *travaillée sur les fils*. Néanmoins, c'est seulement au XVe siècle que le goût du linge brodé paraît s'affirmer. C'est dans le même temps que les toiles de Hollande, de Bretagne et de Lille se perfectionnèrent et que le goût des belles étoffes s'étendit aux tissus de lin; alors on broda la toile.

La broderie à fils tirés et le point coupé ont été faits tous les deux en France à peu près à la même époque. Peut-être la première a-t-elle précédé un peu le second; il existe des spécimens de broderie à fils tirés datant du début du XIVe siècle, ce qui en serait la preuve.

Le bonnet de Charles-Quint, travail admirable, conservé au musée de Cluny à Paris, est orné d'une broderie à fils tirés représentant des aigles.

Au XVIe siècle les travaux de broderie à fils tirés ont été nombreux; c'étaient des bandes et des carrés destinés à l'ameublement, des aubes, etc.

LA BRODERIE A FILS TIRÉS

Fig. 32. — Coin d'écharpe en broderie à fils tirés.

Sous Louis XV, les dames de la cour portaient du linge brodé à fils tirés par les femmes de Saxe qui excellaient à faire ce genre de travail et toutes les broderies blanches.

Quand, au XVIe siècle, on prit goût à la broderie à fonds clairs, la difficulté de se procurer les dessins était grande, et à ce moment, l'idée de réunir et de publier des recueils de dessins de broderie prit tout naturellement naissance. Nous donnerons la liste des principaux de ces ouvrages et le nom des artistes qui les composèrent au chapitre traitant du point coupé.

Le travail de broderie à fils tirés est en usage de nos jours en Turquie, au Mexique, chez les Danois, les Russes, les Norvégiens, etc., etc. En somme, le travail des fils tirés est généralement connu et employé.

Les jours sur toile usités actuellement sont les dérivés de la broderie à fils tirés ancienne. Les ourlets et les fonds à jours, les rivières de la broderie moderne sont basés sur le même principe d'exécution.

Dessin spécial pour la broderie à fils tirés. — Le dessin destiné à la broderie à fils tirés doit être tracé sur la toile comme pour une broderie ordi-

Fig. 33. — Coin de drap, ourlet et rivière à jours.

naire, mais le compositeur doit établir son sujet pour que la silhouette générale, une fois le travail terminé, donne l'aspect d'un filet brodé très fin. Les fils du tissu étant enlevés en partie pour produire le fond clair, les dessins donnés par la toile réservée en épargne prennent des formes anguleuses et en escalier qui produisent des déformations de ligne. La préoccupation d'éviter le ridicule dans le galbe général doit dominer l'esprit inventif du dessinateur; lorsque la toile est grosse, on tombe facilement dans le mauvais goût si on veut représenter des personnages. Il faut réserver ce genre pour la toile fine et adopter franchement le genre géométrique pour les gros tissus; les effets seront plus heureux.

Au XVIe siècle, les dessins de broderie à fils tirés représentaient le plus souvent des rinceaux, des personnages ou des sujets de chasse. Ces modèles anciens sont précieux à consulter et nous conseillons aux jeunes dessinateurs de s'en inspirer pour chercher dans ce genre spécial des compositions plus modernes.

Les jours sur la toile s'exécutent sans dessins spéciaux sur l'étoffe et par la seule combinaison du groupement des fils du tissu et des points qui les maintiennent.

Matériaux employés pour la broderie à fils tirés. — Les matériaux employés pour les broderies à fils tirés sont peu nombreux; ils consistent : 1° en toile plus ou moins fine selon le genre de travail que l'on désire exécuter. La chaîne et la trame du tissu choisi doivent être de même grosseur afin que les vides laissés par les fils que l'on enlève forment toujours un carré parfait; 2° en aiguilles fines à coudre ordinaires et en aiguilles à dentelle; 3° en fil de lin en rapport avec la grosseur de la toile que l'on a choisie.

Exécution de la broderie à fils tirés. — Le travail de la broderie à fils tirés consiste à enlever des fils à certains endroits d'une toile en laissant réservés des pleins préalablement masqués par le dessin. Les fils sont ensuite réunis à l'aide de points surfilés de manière à exécuter des baguettes rondes en nombre égal en long et en large, pour former des carrés clairs, de façon que le dessin réservé en toile se trouve isolé sur un fond ajouré. Les réserves de toile sont souvent travaillées de points variés, surtout pour les grandes pièces. Les jours sur toile, ourlets et rivières, se font en retirant un nombre plus ou

Coin de mouchoir en broderie au plumetis, datant du premier Empire.
(*Appartient à M*^{lle} *CHARLES.*)

LES JOURS SUR TOILE

moins grand de fils de l'étoffe et en les réunissant par des points en faisceaux, en échelles, en roues, en cônes, etc., etc.

La figure 34 représente une broderie à fils tirés, avec épargne de toile, le dessin suffisamment agrandi permet de se rendre compte

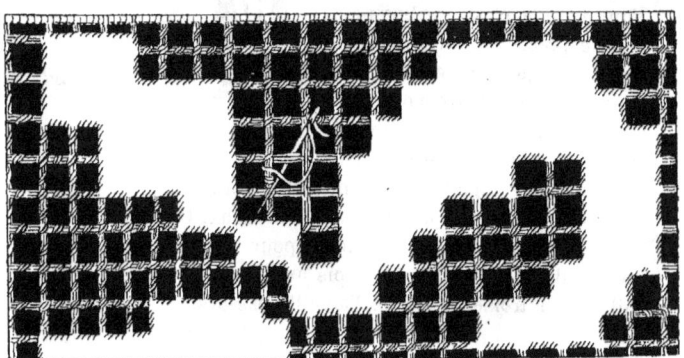

Fig. 34. — Manière d'exécuter le travail de la broderie à fils tirés avec dessin en épargne.

du travail. Pour faire le fond, on enlève trois fils et on en réserve trois, on continue de la sorte dans toute la partie du fond, en laissant la toile pour les feuillages en épargne. Dans certains travaux compliqués on est obligé quelquefois d'enlever certains fils du dessin mat pour garder la régularité du fond ; dans ce cas, on exécute tous les carrés ajourés, puis on refait les mats de la toile avec un point de reprise.

Jours sur toile. — La figure 35 est l'explication d'un ourlet à *jour simple*. Pour faire cet ourlet, on retire trois ou quatre fils dans la longueur de l'étoffe au-dessous du *rempli*. On bâtit l'ourlet, on isole trois fils en faisant passer l'aiguille de droite à gauche et en dessous des fils, on la retire

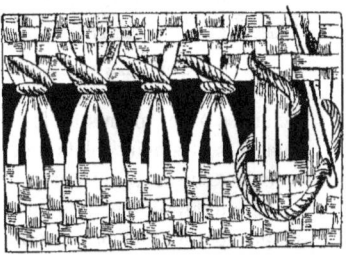

Fig. 35. — Manière de faire un ourlet à jour simple (agrandi).

et on la fait passer de bas en haut en piquant deux fils du rempli. On continue ainsi dans toute la longueur de l'ourlet.

La figure 36 représente le *jour échelle*, c'est le même point que le précédent, avec la seule différence que l'on retire sept à huit fils au lieu de trois ou quatre et que l'on retourne l'ouvrage quand on a terminé un côté, pour faire l'autre semblable au premier et obtenir *l'échelle*.

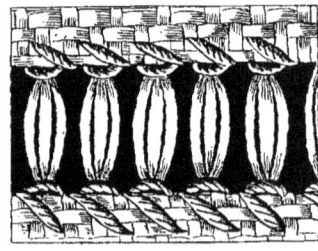

Fig. 36. — Jour échelle (agrandi).

La figure 37 est une *rivière* à faisceaux. On retire douze fils de l'étoffe, on fait les bords comme pour un jour simple, ensuite on fixe le fil et on le lance trois fois autour de trois faisceaux, bien au milieu ; au troisième point, l'aiguille passe sous les deux premiers pour arrêter le fil. Ne pas trop serrer le brin tendu qui relie les faisceaux l'un à l'autre.

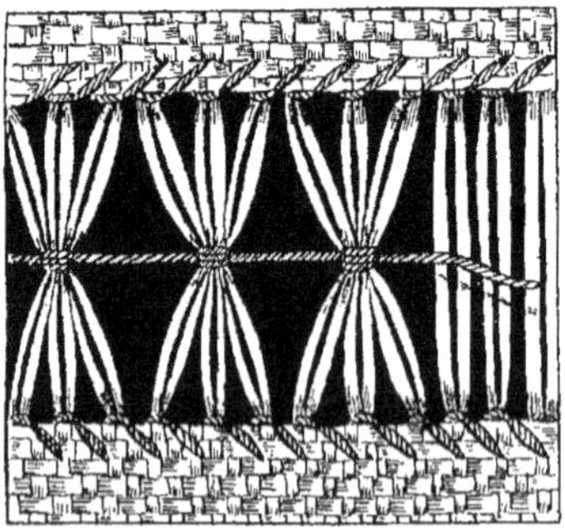

L'explication de ces jours principaux fera comprendre tous les genres de jours sur toile, tous sont basés sur le même principe.

Nous ne voulons pas terminer cette explication sans parler des merveilleux travaux exécutés au XVIIIe siècle et dans lesquels les jours à l'aiguille ont joué un si grand rôle mélangés à des points de feston, des points de chaînette, des points damassés, des points plats et des fils tirés. Ces broderies à jours étaient exécutées sur batiste et leurs effets transparents rappellent les dentelles.

Fig. 37. — Jour en faisceaux (agrandi).

On ne retirait aucun fil pour l'exécution de ces jours, on les serrait simplement au moyen de points qui les nouaient. Ces jours sur batiste sont encore employés actuellement dans les broderies des Vosges, de la Suisse, du Chili et de différents pays.

Devoir du dessinateur.

Composer un dessin de broderie à fils tirés pour la bordure d'une nappe avec coin.

Devoir de la brodeuse.

Exécuter les différents points décrits dans la leçon et démontrés par les figures.

Faire un essai de dessin réservé en épargne sur *très grosse toile* avec fond de petits carrés ajourés.

Bonnet de Charles-Quint. — Travail en fils tirés (Musée de Cluny).

SIXIÈME LEÇON

Le point coupé.
(Voir la planche hors texte n° 2.)

Historique. — La broderie ajourée, faite en coupant des parties de l'étoffe et en réservant les motifs mats du dessin, prit vers le xve siècle le nom de *point coupé*, venu des coupures faites dans le tissu.

Le travail au point coupé exigeait à peu près la même préparation que la broderie à fils tirés avec laquelle il fut très souvent mélangé, ainsi qu'au lacis et au filet brodé. Le point coupé fut employé dans la toilette féminine et masculine et aussi dans l'ameublement.

Le goût prononcé de la broderie ajourée sur toile, fils tirés et points coupés, nécessita, comme nous l'avons dit dans la leçon précédente, des dessins spéciaux ; les auteurs ayant publié les recueils les plus intéressants de dessins de broderie sont : Pierre Quinty de Cologne qui semble avoir été le premier qui ait exploité l'idée de publier des recueils de dessins de broderie. Il fit paraître, en 1527, un volume intitulé « Livre nouveau et subtil touchant l'art et science, tant de broderies, froussures, tapisseries, comme autres métiers qu'on fait à l'aiguille ».

Les ouvrages de Wosterman d'Anvers sur la broderie, parus de 1514 à 1542 ; d'Antoni Tagliente, vers 1528, et ceux de Nicolo d'Aristotile, en 1530, qui font paraître des livres de patrons à Venise. Ces derniers renseignent sur les différents travaux à l'aiguille en usage en Italie à cette époque.

En 1530, Giovani Antoni Vavassore, connu aussi sous le nom de Zoan Andréa, publie son premier livre : « L'exemplario di Lavori, » qui reproduit des dessins de broderies allemandes. En 1546, il publie : « La fontaine des patrons » et, en 1550, « La fleur des patrons », « La couronne des broderies ».

Francisque Pelegrin, noble de Florence, obtient, en 1530, un privilège du roi François Ier et fait imprimer en France « La fleur de science de pourtraicture et patrons de broderie, façon arabique et ytalique ».

En 1543, Mathio Pagan publie, à Venise, « Le jardin nouveau des points coupés et noués ».

Tagliente fait paraître un recueil à Venise en 1546.

En 1557, parut le livre intitulé « Le Pompe ». C'est un des ouvrages les plus intéressants du temps.

Des religieux firent paraître également des livres qui semblent destinés non seulement à la reproduction de dessins spéciaux, mais aussi à l'enseignement des travaux à l'aiguille.

Il y eut encore des sortes de manuels écrits par des femmes et qu'il faut attribuer à de très habiles maîtresses ouvrières, à cause de la clarté de leurs explications.

En 1584, Dominique de Sera publie à Paris « Le livre de lingerie avec des patrons de l'invention de Jean Cousin ».

En 1587, Frédéric Vinciolo fit paraître à Paris, chez l'imprimeur Daniel Le Clère, un ouvrage sur les patrons de lingerie, points coupés, lacis et autres, dédié à Catherine de Médicis.

Césaré Vecellio de 1585 à 1591-93, Foillet de Montbéliard en 1598, Mignerak en 1595 et la Parasoli en 1606, firent paraître un certain nombre d'ouvrages, traitant du même sujet et qui ont été reproduits en France et à l'étranger.

Dessin spécial du point coupé. — Les dessins les plus employés pour le point coupé se composent de rosaces, de rinceaux et de feuillages conventionnels. Le plus souvent, ces dessins sont géomé-

Fig. 38. — Dessin d'une vieille bordure au point coupé.

triques ou bien ce sont : des vases, des fontaines, séparés par des colonnes. Autrefois, les dessins de point coupé étaient exécutés sur du parchemin. Actuellement et pour exécuter un travail moderne, on procède autrement. Si le dessin est combiné sur des fils réservés régulièrement, il se brodera sans dessin sur le tissu et sera laissé au goût de l'échantillonneuse, qui aura sous les yeux, pour se guider, le dessin sur papier, fait par un dessinateur connaissant le métier. Si au contraire le point coupé est brodé à clair, c'est-à-dire en coupant complètement le tissu et en le réservant seulement comme cadre, on se sert d'un morceau de toile cirée verte sur laquelle sont tracées en blanc les lignes régulières à suivre avec les points à exécuter en l'air.

Le dessinateur doit toujours se souvenir, en faisant les compositions destinées au point coupé, que tout le travail s'appuie sur une croix faite des fils réservés de l'étoffe ou de fils lancés, lorsque tout le tissu est enlevé. Néanmoins il peut se livrer aux fantaisies de son imagination, mais en n'oubliant jamais que les dessins devront toujours être construits en tenant à l'étoffe d'un côté et à la croix de l'autre.

On obtient facilement des cercles par la succession de portions de circonférence ; les diagonales faites à l'aide de fils lancés et festonnés ensuite rendent de grands services ; en somme, la connaissance et l'emploi du dessin linéaire sont indispensables au compositeur qui veut dessiner du point coupé.

Matériaux nécessaires pour l'exécution du point coupé. — Les matériaux nécessaires pour l'exécution du point coupé sont peu nombreux. Ils consistent : en toile de lin, en aiguilles à dentelle et en fil de lin à dentelle assorti de grosseur avec la toile choisie. Ce sont les mêmes fournitures que pour les fils tirés et les mêmes observations sont à noter sur ces matériaux. Voilà tout ce qu'il faut à une habile ouvrière pour faire naître sous ses doigts une merveille, si elle possède bien toutes les ressources de son métier et tous les points à employer. Nous indiquons les principaux avec figures explicatives.

Le point coupé est-il une dentelle ou une broderie ? C'est une question facile à résoudre. Tant que la toile y est employée entourée d'un feston et que des fils sont réservés pour soutenir le travail, à n'en

LE POINT COUPÉ

Fig. 39. — Le surfilage de l'étoffe, (agrandi).

pas douter c'est une broderie; mais lorsque la toile est complètement enlevée et que le travail se fait entièrement en l'air, que ses bords sont découpés et dentelés, cela devient une dentelle à l'aiguille. C'est un acheminement vers le point de Venise et c'est la vraie transition de la broderie à la dentelle. Ceci expliqué, passons à la démonstration de l'exécution.

Exécution du point coupé. — Pour exécuter le point coupé, on retire les fils du tissu dans le sens de la longueur et dans le sens de la largeur. On laisse entre les vides des fils disposés en croix qui servent de soutien ou de canevas pour l'exécution des différents points employés. La quantité de fils à enlever dépend : 1° du dessin choisi; 2° de la

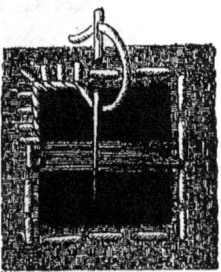

Fig. 40. — Feston de l'étoffe (agrandi).

grosseur et de la nature de l'étoffe sur laquelle on veut travailler, on festonne ou on surfile les bords extérieurs, selon la nécessité du dessin.

La figure 39 montre le surfilage; la fig. 40 le feston; la fig. 41 représente le commencement d'un travail au point coupé. Pour le copier, voici la manière de procéder.

Retirer 12 fils de l'étoffe en tous sens, laisser 6 fils, retirer

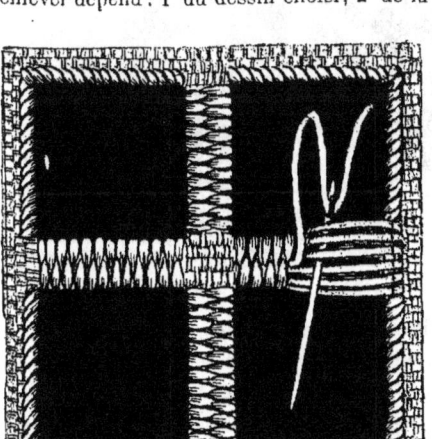

Fig. 41. — Manière de commencer le travail du point coupé (agrandi).

encore 12 fils en tous sens. On obtient ainsi les deux carrés du haut traversés d'une bande de 6 fils laissés dans le sens de la longueur. Laisser encore 6 fils en bas des deux premiers carrés obtenus, ce qui donnera quatre carrés vides, traversés d'une croix de fils res-

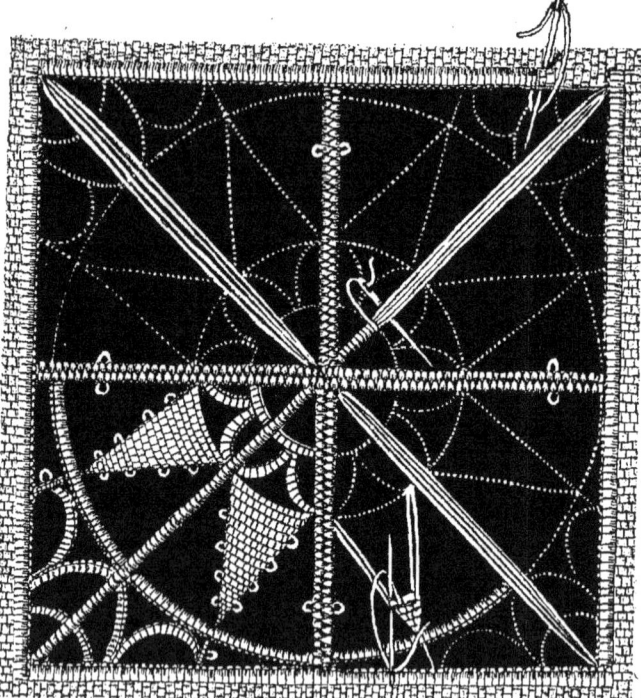

Fig. 42. — Travail du point coupé en cours d'exécution (agrandi).

serrés. Cela fait, surfiler les bords extérieurs du grand carré. Le surfilage terminé, travailler les fils réservés en point de reprise, en passant dessus et dessous comme l'indique l'aiguille disposée sur la figure. La croix terminée tout entière au point de reprise, le travail se trouve prêt à recevoir les fils lancés ou les points variés qui termineront le point coupé.

La figure 42 aidera à mieux comprendre la suite du travail; elle montre un quart du carré terminé. C'est celui du bas à gauche. La croix en point de reprise est entièrement terminée.

Le bord extérieur du carré est festonné comme on le voit par l'aiguille qui exécute le travail en train. Quatre fils tendus en diagonale servent de bâti pour former une ganse ronde avec fil enroulé comme le démontre l'aiguille du travail en cours d'exécution. Les triangles mats sont obtenus par un bâti de fils tendus s'appuyant au bord intérieur du carré. Ces triangles sont faits au point de toile employé pour les dentelles à l'aiguille. Les autres parties du dessin s'exécutent en formant des portions de circonférence se rattachant toujours, soit à la croix du milieu, soit aux diagonales du carré. La partie non terminée laisse voir le dessin tracé sur le parchemin ou toile cirée.

Devoir du dessinateur.

Composer un carré de point coupé de douze centimètres de côté, destiné à être employé pour un dessus de lit.

Faire un dessin léger et fin très ajouré pour alterner dans le montage final avec un carré de toile brodée.

Devoir de la brodeuse.

Reproduire les essais de points des trois premières figures de la leçon, et exécuter entièrement le carré de point coupé dont la figure 42 donne le détail. Le travail pratique devra être fait sur de la très grosse toile avec du fil de lin proportionné à la grosseur de cette toile.

Les Broderies et Les Dentelles

SEPTIÈME LEÇON

La broderie au plumetis ou de Nancy. — La broderie anglaise. La broderie piquée.

(Voir la planche de la page 53.)

Historique. — Le nom de la broderie au *plumetis* est venu dans la langue française de la corruption du mot *plumeté*. La broderie au plumetis ou de Nancy, *telle qu'elle est de nos jours* est, à notre avis, d'origine moderne. Cependant, nous résumerons les opinions diverses qui la font remonter à une époque reculée, car il est évident que si elle ne fut pas en usage de longue date dans les conditions actuelles, elle s'est précisée peu à peu en empruntant des éléments aux broderies auxquelles on a donné le nom de plumetis et il est utile d'en étudier l'évolution.

Anciennement, disent plusieurs auteurs, la broderie au plumetis s'appelait « broderie de Grèce », les croisés ayant rapporté de ce pays un travail exécuté avec un léger relief répondant à celui nommé plumetis dans le langage moderne, il prit le nom de son pays d'origine.

D'autres auteurs non moins autorisés font remonter l'usage de la broderie au plumetis à une plus haute antiquité. On devrait se ranger à leur opinion si on traduit l'expression ancienne *opus plumarium* par le mot plumetis. Néanmoins, d'après les passages des commentaires de l'Exode que nous avons cités page 35 qui définissent l'*opus plumarium* par la représentation des plumes d'oiseaux, il nous est permis de penser qu'il ne s'agissait pas, en ce temps-là, d'une broderie blanche à relief telle que le plumetis qui sert pour la lingerie, mais bien d'une broderie en couleur exécutée au point lancé.

Sous Charles V, ce dernier genre de broderie fut employé, sous le nom de plumetis, pour les blasons que les seigneurs arboraient à la guerre et dans les tournois, et on commença à y mélanger divers points devenus plus tard du domaine de la broderie blanche, tels que le point sablé et les points damassés.

C'est la reine Isabeau de Bavière qui semble avoir apporté à la Cour de France le luxe du linge brodé. Jusqu'au xvᵉ siècle, les broderies blanches étaient rares, le linge était grossier et on songeait peu à son ornementation, mais quand la toile se fut perfectionnée, on la broda davantage, le linge prit alors aussi une part plus importante dans l'ameublement et la toilette. Le musée de Cluny, à Paris, possède des échantillons de serviettes brodées en soie de couleur qui sont des plus intéressants. On nommait ces serviettes *touailles*.

Au xvıᵉ siècle, on broda également *en blanc* les parties de toile épaisse réservées dans le point coupé. Ces broderies, très finement exécutées, se rapprochaient déjà de la broderie au plumetis actuelle ; elles contrastaient agréablement, par leurs effets mats, avec les parties ajourées du point coupé.

C'est surtout sous le règne de Louis XV, époque à laquelle le linge devint d'une grande élégance, que l'on broda les fines batistes destinées aux grandes dames de la cour. La reine mit les broderies blanches à la mode et elles atteignirent alors une rare perfection d'exécution. On broda sur mousseline en coton plat, ces broderies furent exécutées surtout en Allemagne, elles étaient d'un dessin très stylisé ; les ornements brodés au feston ou au point plat étaient accompagnés de point de chainette ou de point de cordonnet. Les jours à l'aiguille y étaient largement distribués.

L'Inde envoya en France ses légères mousselines brodées, la mode des étoffes blanches transparentes ornées de broderies en coton s'affirma, on en fit des robes, des

Fig. 43. — Drap brodé au plumetis.

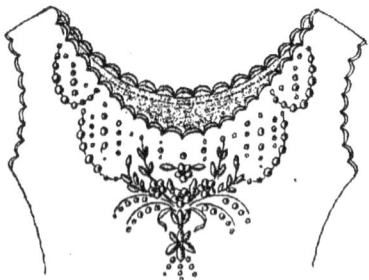

Fig. 41. — Chemise brodée au plumetis.

châles, des écharpes et des coiffures qui eurent, sous le Premier Empire, une vogue étonnante. C'était l'acheminement vers le moderne plumetis, dit de Nancy, parce que c'est dans cette ville et ses environs que se font le plus spécialement ces genres d'ouvrages.

La broderie blanche faite au plumetis tient une place des plus importantes dans l'ornementation de la lingerie pour les draps, taies, chiffres, chemises, jupons, etc.

Actuellement, le goût de cette broderie s'est largement étendu dans la toilette féminine, on brode à nouveau au plumetis des robes de mousseline ou des costumes de toile et on recherche les broderies anciennes pour les incruster, les appliquer ou les adapter aux formes modernes et en confectionner des cols, des corsages ou des garnitures diverses.

La *broderie anglaise*, appelée aussi broderie de Madère, paraît avoir une origine mieux définie. Elle est née du point coupé auquel nous la trouvons associée dès l'apparition de ce dernier en coupures dans les parties mates de la toile. Des petits trous ovales, carrés ou en forme arrondie viennent se grouper symétriquement pour donner par leur arrangement, une ornementation discrète faisant valoir les parties claires du point coupé. Alors, un jour à l'aiguille traversait généralement la petite partie coupée dans la toile surfilée sur les bords en point d'œillet.

Au XVIe siècle, on retrouve encore des robes de toile bro-

Fig. 45. — Volant en broderie anglaise.

dée, venant d'Italie et dont l'ornementation est principalement obtenue par des séries de petits œillets formant garniture.

Au xviie et au xviiie siècle, on retrouve ces garnitures d'œillets employées à divers usages pour la broderie blanche.

La broderie anglaise porte aussi le nom de broderie de Madère, parce que, dans ces îles, on exécute beaucoup d'ouvrages de ce genre et qu'ils sont renommés pour leur perfection et leur solidité.

La broderie anglaise est d'un usage courant pour la lingerie, elle lui sert d'ornement, en la mêlant à la broderie au plumetis ou seule. Les volants de toutes tailles en broderie anglaise, constituent une garniture très en faveur pour toutes sortes d'objets de toilette. Comme la broderie au plumetis, la broderie anglaise est actuellement employée pour les robes et les costumes de dames et d'enfants, non seulement sur le linon et la toile, mais sur les étoffes de laine et de soie.

FIG. 46. — Broderie piquée. Fragment d'un corsage du xvie siècle (Musée de Cluny).

La *broderie piquée* paraît avoir été en usage vers le xve, le xvie et le xviie siècle; c'est un genre assez spécial qui décorait les vêtements et les couvre-pieds ou courtepointes. On conserve au Musée de Cluny, ainsi qu'à Rennes, des échantillons très intéressants : bonnets, corsages, couvre-lits, etc., exécutés en Alsace au xviie siècle. La broderie piquée n'est plus guère en usage actuellement, on fait encore des couvre-pieds piqués, mais ils ne peuvent avoir la prétention d'être placés à côté des broderies anciennes, ils sont devenus du domaine des tapissiers. Autrefois, la broderie piquée était agrémentée de points à jours ou de points damassés qui rehaussaient l'effet des fleurs et des ornements formés par les points de piqûre.

La broderie de Marseille employée au xviie et au xviiie siècle, était une variété de broderie piquée sur batiste ou mousseline ; les fleurs en ornements légèrement bourrées de coton cardé étaient un peu en relief, ou formaient le fond par une série de nœuds qui donnaient un effet très agréable : les fleurs aux pétales lisses, légèrement bombées, se détachant sur un fond sablé.

Dessin spécial à la broderie au plumetis. — Le dessin de broderie au plumetis est tout particulier. Les formes en sont petites, très soignées et il est important que les fleurs et les ornements soient bien détachés les uns des autres. Il faut éviter de surcharger la composition dans ce genre plus que dans les dessins des autres broderies. En général, on masse dans le bas d'un bouquet tous les gros ornements ou les grosses fleurs et on les termine par des branches fines ou légères. Il est nécessaire aussi de ménager convenablement les effets de relief que la brodeuse obtiendra par le bourrage. Il convient de marquer des coupures dans les pétales des fleurs ou dans les feuillages, parce que le travail sera plus joli et plus solide si les points de broderie sont courts et serrés.

Si le dessinateur doit faire de la composition de travail bon marché, il devra s'astreindre à donner le plus d'effet possible, à garnir et à orner par des formes plus ou moins conventionnelles, pouvant se broder à l'aide de points longs et souvent obliques, pour que le prix de façon puisse rester très bas. Dans ce genre, la plus grande simplicité donnera le meilleur résultat et il vaut mieux ne pas chercher à copier exactement la nature. S'il s'agit du dessin d'articles chers, on pourra adjoindre à la broderie au plumetis des jours à l'aiguille ou des effets de fils tirés et de rivières. Chercher à adapter des fleurs naturelles aux nécessités du dessin, y mêler des ornements plus compliqués, des insectes ; y introduire des effets de fond avec des points sablés, des points d'arme, des points de poste.

Les fleurs qui donnent les meilleurs effets dans la broderie au plumetis sont : les marguerites, les myosotis, les roses avec leurs boutons, les bleuets, les lilas, les muguets, les mimosas, les campanules, les chardons, les iris, les liserons, puis les épis de blé, les feuilles de trèfle, de lierre, de vigne accompagnées de raisins, etc.

On brode pour le linge presque tous les chiffres au plumetis et souvent des blasons et des couronnes, cela demande une étude spéciale sur laquelle nous ne pouvons nous étendre ici.

Le dessin de broderie au plumetis doit être piqué *très fin*, poncé au bleu avec *grand soin* et fixé au fer de façon à donner sur le tissu un trait net et continu pour éviter à la brodeuse tous tâtonnements. Pour les belles broderies sur mousseline, il est préférable de ne pas dessiner sur l'étoffe, mais d'appliquer la mousseline sur un papier parche-

Fig. 47. — Chiffre brodé au plumetis.

miné un peu fort, portant le dessin. On employait autrefois le papier jaune ou vert; le blanc vaut mieux parce que, si la brodeuse prend des parcelles du papier avec son aiguille, s'il est en couleur, elle risque d'abîmer sa broderie.

Le dessin de broderie anglaise. — Le dessin de la broderie anglaise doit faire l'objet de recherches spéciales pour le dessinateur, car il est forcé d'obtenir ses effets uniquement par la combinaison de trous dans le tissu, qui donneront un dessin soit géométrique, soit de fantaisie. Au premier abord, il est permis de se demander comment faire pour ne pas tomber dans la banalité; mais actuellement et pour la fabrication moderne, on peut disposer de formes très différentes et introduire des coupures ovales, carrées, triangulaires, courbées, etc., formes variées avec lesquelles il y a moyen d'éviter la monotonie et le commun, surtout si on sait y adjoindre à propos des rivières, des jours à l'aiguille, des effets de plumetis ou de points lancés pour faire naître des contrastes.

Dans le dessin de broderie anglaise, il faut rester à peu près dans un genre de composition conventionnelle; chercher l'imitation trop précise de la nature ne pourrait que donner un mauvais résultat. Quelques plantes donneront, par une habile stylisation appropriée, une heureuse décoration, mais elles sont peu nombreuses. Nous citerons le blé, l'avoine, les marguerites, les myosotis, la vigne et toutes les graines rondes dans différentes dispositions.

Les fleurs compliquées et irrégulières ne devront jamais être prises pour modèle.

Le dessinateur observera de laisser toujours assez d'étoffe entre les coupures pour que l'ouvrière puisse trouver la place de surfiler tout autour de chaque trou de broderie ; il devra encore se préoccuper de la solidité et ne pas grouper un trop grand nombre de parties coupées sur le même point du tissu.

Dans le dessin de la broderie anglaise, chaque partie destinée à être coupée se marque d'un point ou d'une croix dans le milieu pour que la brodeuse se rende compte à première vue des parties qu'elle doit broder en plein et de celles qu'elle doit ajourer. Exemple : une branche de marguerites. — Les pétales doivent être ajourés. Ils seront tous marqués d'un point très apparent dans le milieu. Les cœurs et les feuillages seront faits au plumetis, donc, dessinés au trait simplement.

Pour la broderie piquée, nous ne parlerons pas d'un dessin spécial. Si ce genre de broderie ancienne devait être ressuscité, il conviendrait de s'inspirer des objets conservés dans nos Musées. Actuellement, le genre de travail qui porte le nom de broderie piquée ne ressemble plus en rien aux broderies du même nom, des siècles passés. C'est un ouvrage de fantaisie et tous les genres de dessin peuvent y être employés.

Matériaux employés pour le plumetis, la broderie anglaise et la broderie piquée. — Les matériaux pour la broderie au plumetis sont peu nombreux. On brode au plumetis sur batiste, sur toile, sur tissu en coton, etc., etc., avec du coton à repriser pour bourrer les fleurs à gros reliefs ; du coton à broder de différentes grosseurs pour tout le reste du travail.

Pour la broderie anglaise, les fournitures sont les mêmes.

La broderie piquée s'exécutait avec du coton ou du fil de lin ou de la soie et des aiguilles à coudre ordinaires.

Exécution de la broderie au plumetis. — Pour broder au plumetis, on trace d'abord le contour du dessin à l'aide de petits points en coton fin, on bourre fortement la forme, et ensuite on brode en recouvrant de points droits ou obliques. La partie matelassée par le bourrage doit être plus ou moins épaisse selon qu'on désire le relief plus ou moins

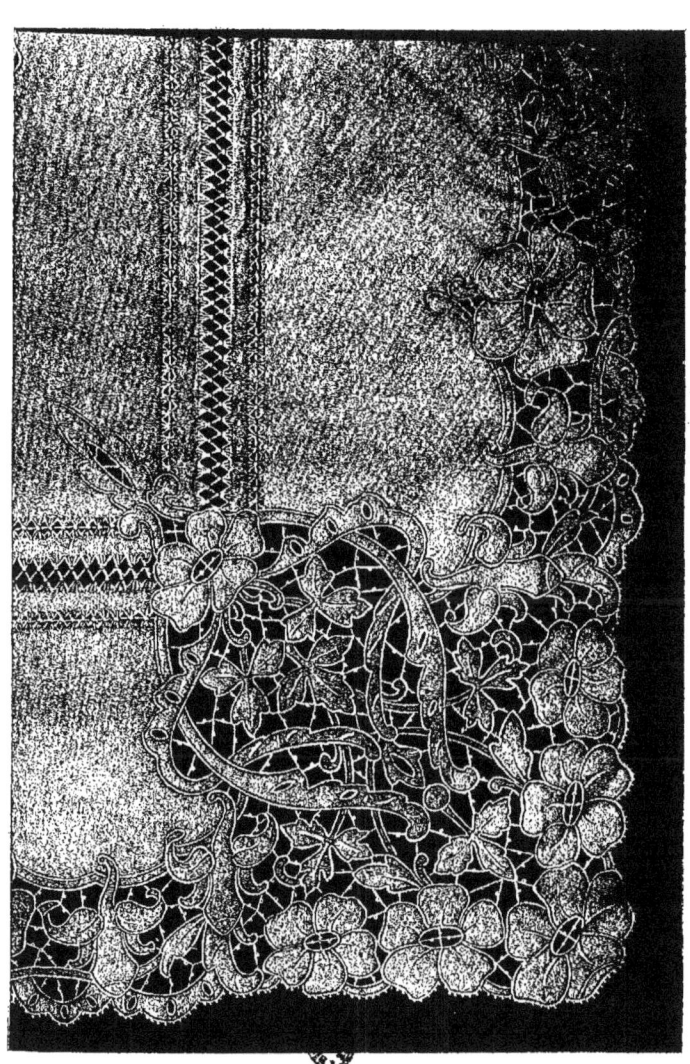

Coin de drap en broderie Richelieu. (*Composition de Mlle Andrée COÆFFIN.*)

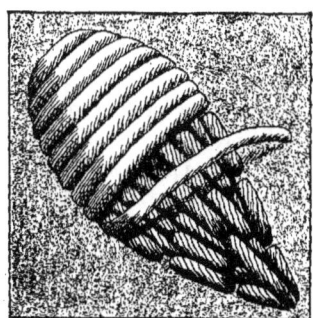

Fig. 48. — Manière d'exécuter une feuille au plumetis à point droit (agrandi).

fort. Pour un bourrage ordinaire on prend du coton ordinaire plus gros que celui avec lequel on brode. Si on veut un très gros relief, on bourre avec du coton à repriser. Le bourrage a une grosse importance; il ne faut pas oublier non plus que dans la broderie blanche, l'effet viendra seulement des parties qui accrocheront la lumière par leur relief. Une bonne brodeuse doit savoir faire tourner les fleurs et modeler les ornements à leur plan.

C'est là le côté artistique du métier, que les machines ne pourront égaler, car c'est le sentiment et la vie joints à l'habileté du tour de main de la professionnelle experte que la mécanique ne peut pas rendre.

Le bourrage terminé on le recouvre, nous l'avons dit, en points droits serrés les uns près des autres ou en points obliques : les premiers donnent un plus beau travail qui est plus solide ; les seconds vont plus vite mais nécessitent des ouvrières très habiles pour être bien faits et ils sont moins solides.

Fig. 49. — Manière d'exécuter une feuille en broderie au plumetis en point oblique (agrandi).

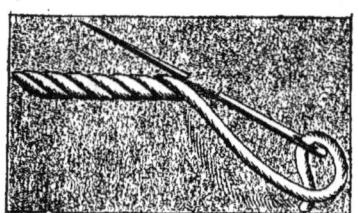

Fig. 50. — Façon d'exécuter le point de tige (agrandi).

Le point de tige s'emploie comme l'indique son nom pour des tiges.

La broderie au plumetis s'exécute généralement sur le doigt, sans autre montage qu'un morceau de toile cirée

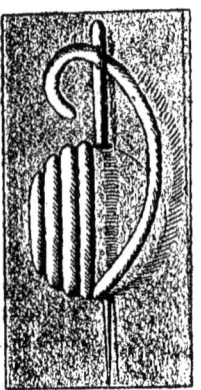

Fig. 51. — Manière d'exécuter le plumetis sans bourrages ou point plat.

ou de papier. Ce dernier procédé est celui qu'emploient les professionnelles. Faite au métier, la broderie au plumetis est plus régulière et plus nette. Aussi pour les chiffres qui demandent une grande précision, on se sert du métier au tambour ainsi que pour les objets de petite dimension, tandis qu'on se sert des barres pour les objets plus grands.

Lorsqu'on se sert du métier à barres, pour ne pas abîmer le tissu, voici comment on procède : on tend une toile forte sur le métier, puis on y découpe un carré de la grandeur de la broderie à faire, on épingle le morceau de tissu à broder juste en droit fil dans le carré vide, après quoi on le faufile solidement ; on drape en le maintenant avec des épingles le reste de la pièce de façon qu'elle ne gêne pas la brodeuse.

La broderie anglaise est basée tout entière sur l'exécution du point d'œillet : pour broder un œillet, on trace le contour avec du coton moyen, on enlève la partie à couper avec de fins ciseaux à broder, coupant très bien, puis on surfile les bords avec des points serrés (voir la figure 24, 3ᵉ leçon). Les œillets dits ombrés, se font au point de feston, bourré d'un seul côté.

La broderie piquée s'exécutait autrefois en tendant sur un métier le tissu qui devait servir de doublure ; on le couvrait d'une couche de coton cardé très mince, ensuite on posait sur le tout l'étoffe élégante qui devait constituer l'endroit ; on la fixait de façon qu'elle soit bien tendue, on dessinait dessus ensuite, à la craie, les écailles, les rinceaux, les carreaux que l'on voulait figurer, puis on piquait tous les contours de petits points de soie ou de fil. Dans les belles pièces en toile, les fleurs étaient agrémentées de points à jours ou de points damassés.

Devoir du dessinateur.

Broderie au plumetis. — Composer un dessin pour chemise de dame.

LA BRODERIE PIQUÉE

Broderie anglaise. — Un volant de jupon, hauteur 25 centimètres de broderie.
Broderie piquée. — Une couverture de berceau.

Devoir de la brodeuse.

Un bouquet en broderie au plumetis, genre bon marché.
Une blouse en broderie au plumetis, genre riche, mêlé de broderie anglaise.

HUITIÈME LEÇON

La broderie Colbert. — La broderie Richelieu.
La broderie Vénitienne.

(Voir la planche de la page 71.)

Historique. — La broderie Colbert, la broderie Richelieu et la broderie Vénitienne sont d'un aspect général à peu près identique. Elles ne diffèrent entre elles que par des détails d'exécution. On les nomme souvent broderies des Vosges parce que c'est dans cette contrée qu'on en fabrique la plus grande quantité. La broderie Colbert est aussi appelée broderie Renaissance. Cette variété de dénominations pour des travaux à peu près semblables occasionne des confusions forcées regrettables. Nous allons tâcher d'établir les caractères

Fig. 52. — Broderie Colbert.

particuliers qui pourront aider à appliquer une appellation vraie à chacun des genres qui font l'objet de cette leçon.

La broderie Colbert ou Renaissance, la broderie Richelieu et la broderie Vénitienne sont toutes trois faites d'après le même principe de figures à bords festonnés sur toile à fond découpé. Les dessins sont raccordés par des barrettes. Ces broderies s'emploient pour la lingerie et particulièrement pour les draps de lit, les taies d'oreiller, les nappes, etc. Leur solidité jointe à leurs fonds ajourés, les font souvent

Fig. 53. — Coin en broderie Richelieu.

préférer à des dentelles pour garnir des objets soumis à de fréquents lavages.

Ces trois sortes de broderie sont d'invention relativement moderne, mais il faut en faire remonter l'idée première au point coupé, dont toutes les broderies comportant des coupures dans la toile et festonnées sur les bords sont issues.

La broderie Colbert ou broderie Renaissance est faite à l'aide d'un simple feston qui contourne le dessin. Les barrettes qui forment le fond n'ont pas de picot.

La broderie Richelieu est semblable à la broderie Colbert ou Renaissance, avec cette seule différence que les barrettes du fond sont ornées de picots et que les bords extérieurs en comportent également.

La broderie Vénitienne prend son nom des guipures de Venise, qu'elle cherche à imiter ; premièrement par ses festons à gros reliefs, et ensuite, par l'emploi des points de broderie et des jours à fils tirés introduits dans la toile pour donner à ce travail plus d'analogie avec de la guipure. Les brides qui relient les ornements entre eux sont copiées sur celles du point de Venise.

Pour éviter les trop fréquentes redites, nous prions le lecteur de se reporter à l'historique de la leçon du point coupé et à celui du point de Venise, où il trouvera le complément des renseignements utiles à connaître sur les broderies qui nous occupent ici.

Dessin spécial de la broderie Colbert, Richelieu et Vénitienne. — Le dessin de la broderie Colbert et de la broderie Richelieu est le même. Il peut être conçu dans le style moderne, inspiré de la flore ou garder le caractère ancien, mais il doit toujours être d'un aspect riche, un peu de lourdeur ne nuira pas, il vaut mieux même la préférer à la maigreur dans laquelle on tombe trop facilement en composant ces sortes de dessins. Le dessinateur fera bien de commencer la mise en place de sa composition en indiquant toutes les grandes masses, pour se rendre compte immédiatement de l'effet qui sera

Fig. 54. — Broderie vénitienne.

produit. Sans attendre la mise au net de l'esquisse, il faut noircir le fond, c'est-à-dire, toutes les parties destinées à être coupées dans la toile, afin de voir tout de suite le dessin apparaître tel qu'il sera une fois la broderie terminée : se détachant en clair sur un fond sombre. En procédant ainsi, on évitera le risque de tomber dans de graves erreurs. Le dessinateur ne doit pas perdre de vue : 1° que les fonds ajourés ont sur l'aspect général d'une composition une très grande influence ; 2° que les formes doivent autant que possible se toucher par des points de contact entre les rinceaux, fleurs ou feuillages. Cela est indispensable à la solidité d'un ouvrage de lingerie destiné à supporte de nombreux nettoyages : nécessité dont il est essentiel de se préoccuper. Pour employer un terme de métier, nous dirons que le dessin doit présenter l'aspect d'une grille.

Si on dessine une bordure, les masses les plus lourdes doivent se trouver en bas, le dessin doit être continu sur le bord et il ne doit jamais être interrompu en coupant la toile ni relié par une barrette. En haut, on termine la broderie Colbert ou la broderie Richelieu, le plus souvent, par un feston droit qui limite la partie ajourée et rappelle le pied d'une dentelle, mais il existe cependant beaucoup de cas où le dessin se découpe lui-même directement sur l'étoffe.

Le dessin de la broderie Vénitienne doit rappeler uniquement les guipures de Venise et le dessinateur fera bien de s'inspirer des modèles anciens pour les formes et les enroulements. Il faut seulement se souvenir du principe dont nous avons parlé plus haut pour la broderie Colbert et la broderie Richelieu : c'est que le dessin doit se tenir le plus possible par des points d'attache entre les ornements, à cause de la solidité indispensable à cette broderie.

Matériaux employés. — Les matériaux nécessaires aux broderies Colbert, Richelieu et Vénitienne sont peu nombreux ; ils se bornent à de la toile plus ou moins grosse, selon le genre de travail et à du coton ou du fil de lin assorti de grosseur à cette toile.

Manière d'exécuter les broderies Colbert, Richelieu et Vénitienne. — Le dessin de la broderie Colbert doit être piqué et ensuite poncé sur la toile. On coud l'étoffe sur papier fort pour la maintenir et on commence le travail qui consiste à sertir d'un feston égal tout le dessin. (Pour le feston simple, voir l'explication à la nomenclature des points, 3° leçon.) Puis on exécute les barrettes sans picot. Le feston sur les bords extérieurs peut être un peu plus grand que celui employé dans l'intérieur du dessin. Toute la broderie doit être terminée avant de découper l'étoffe du fond, ce qui se fait très délicatement à l'aide des ciseaux à broder, en suivant les contours de la broderie.

La broderie Richelieu doit être exécutée de la même façon, sauf que l'on met des picots à toutes les barrettes et aux contours extérieurs.

Pour faire un picot ordinaire, piquer l'aiguille dans le tissu au point voulu, la tirer et former une bouclette que l'on arrêtera avec une épingle destinée à la maintenir à une longueur de 3 millimètres environ de l'ouvrage ; ensuite, passer l'aiguille de droite à gauche sous les trois fils et serrer fortement en se rapprochant le plus possible du feston comme dans la figure 55.

L'exécution de la broderie Vénitienne est un peu plus compliquée.

Fig. 55. — Manière de faire une bride à picot (agrandie).

Le dessin étant tracé sur la toile, on devra d'abord exécuter tous les jours à fils tirés, puis ensuite les points de broderie qui garnissent les fleurs et les feuilles du dessin. C'est seulement quand ce travail préliminaire est terminé que l'on fera les festons en relief. Ces festons doivent être bourrés fortement avec du coton à repriser que l'on maintiendra épais au milieu pour avoir une forme très amincie aux extrémités et très renflée vers le milieu. Dans ce genre de broderie, il faut ménager les mêmes effets que dans la guipure ; faire des festons simples dans certaines parties et au contraire très bourrés dans d'autres.

Les barrettes seront exécutées comme celles de la broderie Richelieu et picotées des deux côtés.

Le découpage du fond se fait de la même manière que pour les deux précédentes broderies.

DEVOIR DU DESSINATEUR.

Composer le dessin d'un drap en broderie Colbert ou Renaissance.
D'une taie d'oreiller en broderie Richelieu.
D'une nappe en broderie Vénitienne.

DEVOIR DE LA BRODEUSE.

Exécuter les différents points de la leçon pour s'exercer aux trois genres des broderies expliquées.

Broderie de Chine exécutée au passé en soie cordonnet.
(*Appartient à M. PAGÈS.*)

NEUVIÈME LEÇON

La broderie au passé.

<small>(Voir la planche de la page 81.)</small>

Historique. — Si parmi les broderies il en existe un certain nombre dont les origines sont imprécises ou discutables, il n'en est pas de même pour celles de la *broderie au passé* : elle est d'invention chinoise et remonte à une époque des plus éloignées. Les écrits et les documents provenant de la Chine et du Japon en font foi.

Nous empruntons ici, en les résumant, quelques passages de l'érudite conférence faite par M. E. Deshayes, au Musée Guimet, sur *les anciens tissus chinois*. L'intéressant conférencier dit que les livres chinois antérieurs aux premiers siècles de notre ère donnent des explications détaillées sur les broderies des tentures, des bannières, des écrans, des paravents et sur celles des costumes et les manières de travailler en usage.

Les brodeurs combinaient le bleu, le rouge, le blanc, le noir, le bleu noirâtre et le jaune. On distinguait la broderie *régulière* bleue et rouge. La broderie *variée* rouge et blanche, la broderie à raies blanches et noires ou bleues et noires.

Les auteurs des mêmes livres anciens parlent de vêtements d'une beauté remarquable, ornés de broderies splendides dessinées à l'aiguille avec un art exquis. Sous les Tchéou (de 1134 ans à 255 ans avant notre ère) les services de la Cour comprenaient entre autres fonctionnaires :

Le préposé aux plantes textiles ;
Le préposé aux plantes de teinture ;
Les cuiseurs de soie ;
Les teinturiers ;
L'assortisseur des couleurs ;

Les brodeurs ;
Le directeur de la soie en fil ;
Le directeur du chanvre.

Le Tcheouli et ses commentateurs parlent encore des opérations que l'on faisait subir au chanvre et à la soie pour en faire des matériaux propres à être utilisés pour broder.

Ils nous apprennent également que l'empereur prenait l'habillement brodé de faisans dans les banquets et dans les cérémonies de tir à l'arc. Que l'impératrice portait trois vêtements brodés de faisans ; c'était, une première robe brodée d'une espèce de faisan, une seconde et une troisième robe brodées d'une autre espèce de faisan, avec ou sans couleur.

Ces quelques citations démontrent à quel point l'art de la broderie était avancé dans le Céleste Empire dès les temps les plus anciens.

La Chine est demeurée pendant longtemps un pays rigoureusement fermé au commerce européen ; cependant, dès l'an 1557, les Portugais s'étaient établis à Macao, et en 1602, les Hollandais formaient une Compagnie pour exploiter les contrées peu connues de l'Asie. Ayant presque seuls le monopole des relations avec ces pays lointains, les Portugais et les Hollandais furent probablement tentés par les prix minimes de la broderie en Chine, et c'est sans nul doute ce qui les décida à essayer d'en faire le commerce.

La tentative curieuse de faire copier par des brodeurs chinois les tapisseries de l'époque de Louis XIV est un fait à noter. Les échantillons que l'on a conservés de ces broderies donnent des effets bizarres, produits par des personnages dont les attitudes sont européennes avec des vêtements dont les détails sont ornementés dans le goût chinois, de même que les paysages de fond et les objets mobiliers.

C'est surtout Mme de Pompadour qui mit à la mode les arts de l'Extrême-Orient. Elle était grande actionnaire de la Compagnie des Indes, aussi elle aimait les chinoiseries ! On se conformait à ses préférences qui faisaient loi, et il advint que des amateurs de broderies nouvelles ne se contentèrent plus des travaux faits en Europe et qu'ils envoyèrent leurs habits tout taillés, en Chine, pour les y faire broder. C'est à cette époque que l'on broda avec un cordonnet tordu qui donnait au travail de la broderie au passé une régularité parfaite.

L'importation chinoise a eu la plus heureuse influence sur la broderie française, elle fut cause d'une grande recherche de travaux à l'aiguille nouveaux, on broda au passé en soie torse et en soie plate. On inventa la chenille qui, elle aussi, servit à broder au passé, on mélangea l'or, l'argent et les perles, ainsi que des petits rubans à cette broderie pour enrichir son aspect.

Nous devons à cette époque les merveilleux habits brodés au passé, dont on ne peut se lasser d'admirer le travail fin et délicat, que nous recopions encore de nos jours, quelquefois sans arriver à la même perfection.

La Chine importa, à n'en pas douter, l'industrie de la broderie au Japon. Les dates les plus éloignées auxquelles prétendent les Japonais pour les tissus brodés qui nous intéressent, sont les viie et viiie siècles. Nous voici loin de l'antique industrie chinoise.

Les travaux de broderie des artistes de Kioto furent de bonne

FIG. 56. — Broderie au passé exécutée façon de Chine sur un habit.

heure sans rivaux. Au xvie siècle, ils étaient déjà fort remarquables. Les Foukousas (carrés d'étoffe brodés, servant à envelopper les présents que l'on désire faire accepter) sont ravissants; les anciens sont devenus très rares, ils sont une des manifestations de l'art japonais les plus connues en Europe où ils ont fait fureur. Malheureusement, on ne les a pas conservés intacts, beaucoup de personnes en ayant

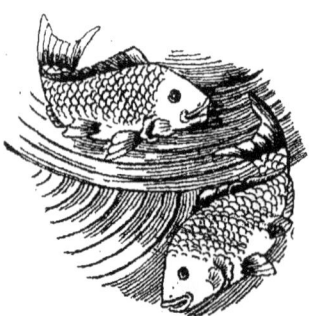

Fig. 57. — Carpes nageant dans les flots.

fait des coussins ou les ayant employés dans l'ameublement, ils se sont détériorés. Quelques amateurs avisés en ont mis sous verre comme de véritables tableaux ; c'est cette intelligente précaution qui a permis de les étudier.

L'art de la broderie moderne au Japon n'a pas toujours égalé l'art ancien. Cependant, nous avons pu nous rendre compte à quel point il est resté parfait en considérant les merveilles exposées aux Expositions universelles de Paris en 1900 et de Liège en 1905, à la section des broderies japonaises ; la broderie au passé semblait y avoir atteint son apogée, c'était l'enchantement des yeux ! L'expression de la vie était rendue par l'aiguille devenue un véritable pinceau : ces coqs, ces poules, ces pigeons dont on voyait chatoyer les plumes au soleil ; les carpes aux écailles nacrées traversant l'eau écumeuse des cascades ; ou bien encore, ces paysages : couchers de soleil, clairs de lune ou effets de neige d'un calme si magnifique, d'une exécution si soignée et si vraie qu'ils donnaient l'illusion d'un tableau, étaient bien faits pour persuader qu'on pourra peut-être les égaler, mais pas les surpasser.

La Chine et le Japon restent par excellence le pays des meilleures broderies au passé moderne, le coloris (à cause des teintures de la soie), le fondu, la netteté de l'exécution demeurent supérieurs chez ces peuples. Aussi pensons-nous intéressant de donner quelques détails, utiles à connaître, sur la fabrication actuelle de la broderie en Chine.

Dans toutes les régions de la Chine, on brode à la main, le travail s'accom-

Fig. 58. — Pigeons. Fragment de broderie d'un Foukousa.

plit dans de petits ateliers comprenant cinq ou six ouvriers et trois ou quatre apprentis. Chaque ouvrier s'occupe seul de la pièce qui lui est confiée à broder. Il n'existe donc pas de spécialités pour certaines parties du travail.

La pièce de soie à broder au passé est tendue sur un cadre rectangulaire en bambou et maintenue par un système d'agrafes et de ficelles.

Les dessins sont préparés par l'entrepreneur qui est généralement un indigène dessinant bien ; il découpe des gabarits de carton ou de fer-blanc qu'il distribue aux brodeurs. Ceux-ci reproduisent les dessins en les plaçant sur le tissu et en contournant la forme avec un pinceau. Cela démontre que la profession de dessinateur en broderie n'existe pas dans les mêmes conditions qu'en Europe. Néanmoins, le piquage et le ponçage des dessins sont connus en Chine et au Japon de longue date, car de vieux dessins chinois nous montrent des peintres de tissu ponçant un dessin piqué sur une étoffe déjà tendue sur le métier de bambou, pendant que d'autres artistes décorent de couleurs brillantes le dessin transporté sur la soie.

En Chine et au Japon, il est d'usage de rehausser d'effets de broderies, les tissus peints. C'est ce qui explique l'origine des signatures des artistes en renom trouvées sur des broderies.

Le brodeur travaille assis devant son métier, le bras droit au-dessous du tissu, le bras gauche au-dessus. Il colorie et change de tons suivant les indications qu'il a reçues de l'entrepreneur. La soie employée est très fine, elle est réunie par sept ou huit brins et enfilée dans une aiguille ordinaire d'environ quatre centimètres de longueur. Pendant le travail, le brodeur a soin de maintenir la soie enfilée le plus aplatie possible; après chaque point, *il lisse* avec l'ongle du pouce gauche pour bien finir le travail.

L'apprentissage commence à quinze ou seize ans et dure quatre ans. La rétribution de l'ouvrier brodeur est de 25 francs par mois, environ. Cette main-d'œuvre est très bon marché, ce qui n'empêche pas la broderie d'être vendue relativement cher. L'entrepreneur réalise de gros bénéfices.

En Chine, ce sont les hommes qui brodent; la femme chinoise est considérée comme une nullité, elle doit rester illettrée et ne s'occuper que des soins du ménage.

Dessin de la broderie au passé. — Le dessin de la broderie au passé nuancé en soie de couleur est facile pour le dessinateur, car avec ce genre de broderie on peut reproduire les effets de la nature. C'est ce qui la fait nommer aussi peinture à l'aiguille.

Le dessinateur doit se préoccuper de chercher de belles gammes de coloris et il peut tenter de représenter plusieurs plans, comme dans une peinture, surtout dans les compositions comportant des paysages ou des personnages. Les bouquets mêmes gagneront à être traités dans cet esprit, ce qui les rendra moins plats d'aspect. Dans ces conditions, rien n'entrave le compositeur, car les brodeuses habiles peuvent copier à l'aiguille des fleurs naturelles qu'elles ont devant les yeux ; à plus forte raison elles pourront reproduire un beau dessin.

Lorsqu'il s'agit de broderie au passé faite au cordonnet dans le ton de l'étoffe et sans être ombrée, il faut rechercher de préférence la forme élégante et les contours gracieux, car la broderie n'aura de la valeur surtout que par le galbe du dessin et le chatoiement des points de soie exécutés dans diverses inclinaisons. Dans le dessin de la broderie au passé, il faut bien détacher les motifs les uns des autres et éviter la lourdeur. — Si la broderie doit être faite en soie de couleurs variées, le dessinateur se préoccupera de chercher une gamme de tons qui peuvent être violents sans se heurter, s'ils sont bien choisis, comme ils peuvent être très doux sans tomber dans la fadeur.

La broderie au passé est le plus souvent mélangée à d'autres genres de broderies dans les combinaisons faites pour orner les robes et les étoffes d'ameublement. Le dessinateur est esclave de la mode pour tout ce qui concerne les dessins de costume, il est soumis à l'observance des styles pour les dessins d'ameublement.

Il est bon que le dessinateur s'enquière, s'il le peut, de la nature du tissu sur lequel sera exécuté son dessin, de la grosseur et de la qualité du fil de soie dont on se servira pour broder ; les effets donnés par une soie fine étant différents de ceux donnés par une grosse soie ; tous les deux ayant encore un autre aspect que celui obtenu par une soie plate ou une soie floche.

Matériaux employés. — On brode au passé avec de la soie plate, ou tordue, de la laine, de la chenille, du coton mercerisé, etc., etc., et depuis quelque temps en soie artificielle aussi, mais il est à noter que, pour les belles broderies destinées à une longue durée, il est toujours préférable d'employer de la belle soie naturelle de première qualité.

La broderie au passé peut s'exécuter sur tous les tissus en général, on en fait aussi sur du cuir et même sur du papier (ce dernier genre est plus curieux que pratique), sur le velours, la soie, les fines mousselines, le tulle, le drap, les diverses étoffes de laine, la toile et les tissus de coton. On brode beaucoup de linge de table au passé : c'est une mode du XVIe siècle à laquelle on est revenu pour les nappes, les serviettes à thé, les chemins de table, les dessus de plateaux ou de buffet, etc. On emploie, pour ces objets de petite lingerie, des tissus granités, de fantaisies diverses ou de la toile unie. Le champ est vaste, il suit la mode (c'est-à-dire qu'il varie souvent et selon chaque pays).

L'exécution de la broderie au passé. — La broderie au passé, proprement dite, est celle faite au point remordu et nuancé ; c'est la plus répandue et la plus caractéristique.

La broderie, dite au passé, exécutée avec ou sans envers et *non nuancée*, n'est en réalité qu'une sorte de point plat.

Pour broder au passé, il faut monter l'étoffe sur un métier à pied ou sur un métier à barres (nous en avons donné la description page 19). Le montage se fait en raison des objets que l'on brode, car il n'est pas possible de tendre sur le métier tous les travaux de la même manière, cela dépend de leur dimension et de leur forme.

On peut employer le système de montage que nous avons expliqué pour la broderie au plumetis ou bien monter directement l'étoffe à broder sur le métier. En tout cas, il faut tendre sans tirailler et en droit fil. Ces préparatifs soigneusement achevés, on commence le travail.

L'ouvrière est assise devant le métier ; dans les grands travaux, deux brodeuses travaillent quelquefois au même ouvrage, l'une est placée du côté droit, l'autre du côté gauche du métier, pour ne pas faire d'ombre sur la broderie, avec la main. Il faut donc qu'elles aient l'habitude de travailler aussi bien d'un côté que de l'autre. Il existe des spécialistes habituées à broder plus vite du côté gauche ou du côté droit, comme nous l'avons déjà dit, à cause de cela, on les nomme *droitières* ou *gauchères*.

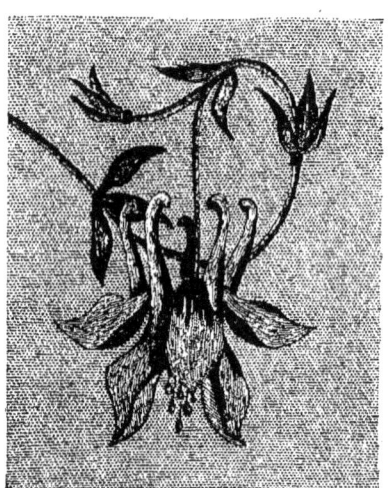

Fig. 59. — Fleur brodée au passé (genre dit *peinture à l'aiguille*).

Pour la broderie nuancée au passé, il est presque indispensable d'avoir devant les yeux un modèle colorié sur papier.

On commence la broderie par les nuances les plus claires, on suit le dessin en faisant des points d'inégale grandeur, dirigés vers l'intérieur du dessin. Quand on a fini le premier rang, on en commence un deuxième avec une nuance plus foncée et on travaille en *empiétant* dans le premier rang de points, on fait un troisième rang d'une nuance encore plus foncée, jusqu'à ce qu'on ait obtenu la valeur d'ombre voulue et que la figure soit entièrement recouverte, en prenant soin que tous les rangs de points empiètent ou *mordent* bien les uns dans les autres, cette observance donne *le fondu* des nuances.

La broderie au passé non nuancée s'exécute en longs points obliques inclinés en différents sens. On commence les feuilles ou les ornements par la pointe. Les feuilles se brodent en deux parties avec une nervure apparente au milieu et les points inclinés en divergeant de chaque côté. Cette broderie s'exécute quelquefois sans envers, alors on prend soin d'arrêter le fil sans jamais faire de nœud et jamais

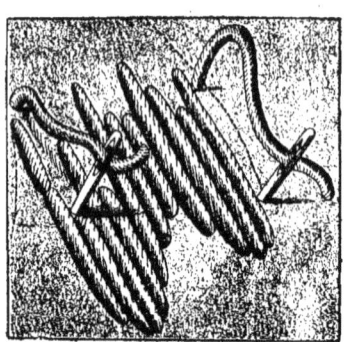

Fig. 60. — Manière d'exécuter la broderie au passé au point empiétant.

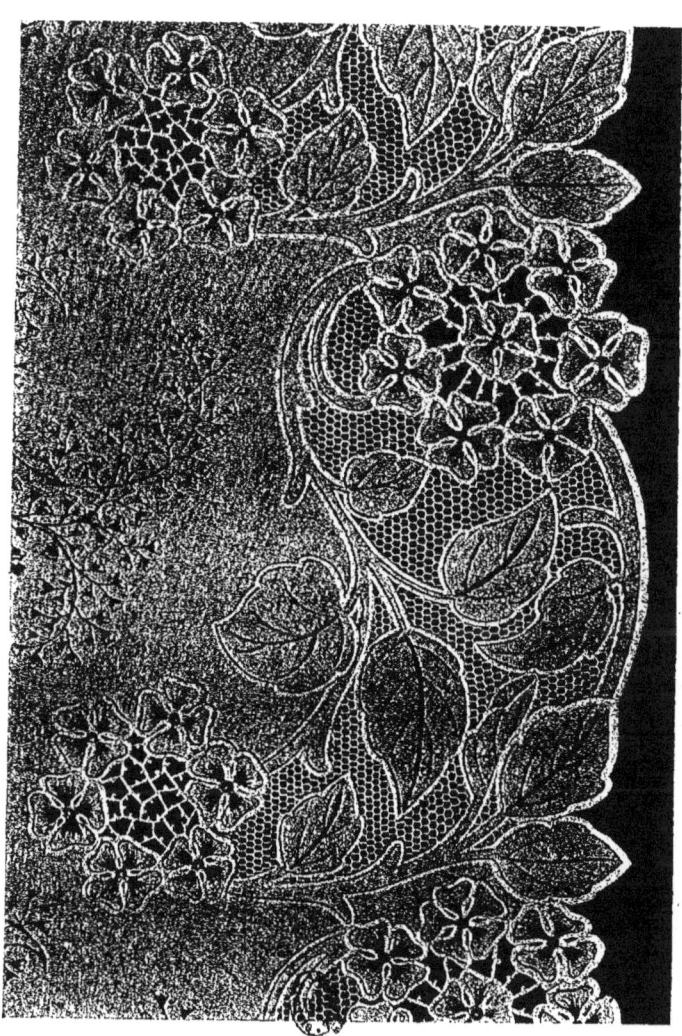

Volant pour robe en application sur tulle.
(*Composition de Mlle Renée DESCROIX.*)

LA BRODERIE AU PASSÉ

Fig. 61. — Broderie au passé non nuancé. — Bordure d'une robe Empire.

traverser en dessous d'un point à l'autre. Cette façon de broder sans envers est venue de Chine, elle est utile pour des objets destinés à être vus sur leurs deux faces, tels que des éventails, des cravates, des châles, etc.

DEVOIR DU DESSINATEUR.

Composer le dessin d'un écran de cheminée brodé au passé remordu. — Faire la composition d'un gilet brodé au passé non nuancé pour costume de dame.

DEVOIR DE LA BRODEUSE

Broder une fleur d'après nature au point remordu et sans envers. — Broder un large galon au passé non nuancé d'un seul ton.

DIXIÈME LEÇON

La broderie application (à la main)

<small>(Voir la planche de la page 91.)</small>

Historique. — L'application était connue des premiers Romains, on la trouve mentionnée sous le nom de *opus consutum* dans les documents anciens. Elle consistait en ce temps-là en bandes d'étoffe appliquées sur les vêtements, on en mettait de une à sept, selon la cherté de l'objet. Aux premiers siècles de notre ère, on garnissait les tuniques et les manteaux d'applications de galons ou d'ornements de tapisserie découpés et fixés par des points.

La broderie application a été employée au moyen-âge, on l'appelait *sourtail* ou *taillure*. Cette broderie est une façon de produire un travail polychrome qui a précédé l'emploi de la broderie au passé, alors qu'on ne disposait pas encore en Europe de tous les matériaux nécessaires à l'exécution de cette dernière.

La broderie application, son nom le dit, consiste à appliquer des morceaux d'étoffe sur un fond différent et à les y fixer par des points de broderie ou à l'aide de soutaches, de cordonnets ou de galons.

Dès 969, on retrouve en France la trace de travaux de broderie application.

Sous Philippe-Auguste, on portait des broderies application sur les vêtements. En 1387, on brodait des écussons et des armes en sourtail.

En 1551, les statuts de la corporation des brodeurs de Paris, défendent de *mesler* les taillures aux broderies d'or fin sur velours.

Mazarin possédait une couverture de lit en velours violet brodée de feuillages de toile d'or rapportés et profilés d'un cordon or et soie.

Fig. 62. — Broderie en application de soie sur velours. — Partie de points plats.

Fig. 63. — Broderie en application de cuir sur drap sertie d'un point chainette.

On peut voir au Musée de Cluny, à Paris, un lit, un paravent, des fauteuils et des tentures en belle broderie application.

Au xvii° siècle, on fit aussi beaucoup d'ouvrages d'application en employant des galons et des rubans de soie mêlés à des dessins d'architecture, de vases ou d'animaux. Le tout était profilé d'un gros cordonnet.

Un genre curieux d'application était celui qui consistait à coller des brins de soie très rapprochés sur du papier, en tâchant de leur donner l'aspect d'une broderie. Les dessins exécutés de cette façon étaient découpés et appliqués sur étoffe. Cette espèce de travail était venue de la Chine : on l'employa pour des habits et pour des robes.

La cathédrale de Beauvais possédait une tunique de soie ouvrée de peau de vache. On appliquait également la peau sur la soie ou sur le velours pour l'ameublement. On faisait même des chaussures de cuir uni avec des applications de cuir doré et brodé.

On refit au xviii° siècle

Fig. 64. — Écran de l'époque Louis XVI en application de velours sur satin blanc.

l'application de fourrures différentes les unes sur les autres. On teignait même l'hermine et l'astrakan blanc pour en faire des ornements que l'on appliquait sur des fourrures naturelles ; on en faisait aussi des fleurs détachées en relief que l'on cousait ensuite sur un fond de fourrure ou d'étoffe.

De nos jours, on fabrique en Orient et en Afrique des broderies de cuir appliqué sur velours, ornées de paillettes, de perles et de points de soie.

Au siècle dernier, on a fabriqué des applications faites de bouquets imprimés sur velours et attachés par des points de broderie sur un fond de tissu. Le même travail est encore exécuté couramment en cretonne découpée ; il est rapide et d'un grand effet.

On fait un grand nombre de rideaux et de stores en application de toile ou linon sur tulle.

Actuellement la broderie application est d'un usage très répandu. On en fait beaucoup à la machine. En somme, la broderie application s'est toujours faite ; depuis fort longtemps elle jouit d'une faveur qui ne semble pas prête à décliner.

Dessin spécial de la broderie application à la main. — Le dessin de la broderie application présente de sérieuses difficultés de composition lorsqu'il doit être exécuté à la machine. Il est plus facile lorsqu'il s'agit d'un ouvrage qui sera exécuté à la main.

Le compositeur se souviendra toujours que l'étoffe découpée doit garder une longueur suffisante pour que le tissu reste visible entre les soutaches ou les points qui fixent les ornements ; par conséquent, il évitera les tiges minces, les formes grêles, qu'on ne pourrait arriver à sertir de deux côtés.

Pour la broderie application, on ponce le dessin deux fois ; une fois au complet sur l'étoffe du fond, et ensuite par parties sur les tissus variés à découper pour constituer l'application.

C'est une nécessité absolue de poncer le dessin deux fois. Le premier ponçage sur le fond sert à retrouver sans perte de temps, sans inutiles tâtonnements, la place précise où doivent se poser les découpures qui forment le dessin.

Le choix de formes gracieuses, détachées et d'un beau galbe s'impose pour le dessin de broderie application, il faut en proscrire les fleurs d'aspect trop lourd, les masses trop rapprochées. Des enroulements d'une belle envolée, des ornements aux formes appropriées à l'objet choisi sont celles auxquelles le compositeur donnera ses préférences.

Exécution de la broderie application à la main. — Pour exécuter l'application, le plus généralement, on colle derrière l'étoffe qui sera découpée un papier de soie très fin.

Les morceaux d'étoffe destinés à l'application seront choisis en raison du dessin à faire.

Si l'application est en plusieurs tons, les étoffes seront choisies de nuances s'assortissant bien les unes avec les autres.

On emploie la colle de farine de froment : à l'aide d'un gros pinceau, on passe rapidement la colle sur le papier, puis on y pose prestement le morceau d'étoffe après s'être assuré que ni l'un ni l'autre ne font de plis. Pour qu'elle adhère partout, on lisse l'étoffe avec un chiffon fin et très propre, en frottant dans le sens de la trame, puis on met sous presse immédiatement, entre deux cartons sur lesquels on pose des poids très lourds. — Le velours et la peluche ne seront pas abîmés par le pressage qui ne couchera pas le poil. On laisse sous presse au moins pendant douze heures.

Lorsque les morceaux sont bien secs, on ponce le dessin sur chacune des parties de l'étoffe destinée à le former sur le fond, puis on le découpe soigneusement sur le trait poncé avec des ciseaux bien aiguisés.

Tous les morceaux sont rangés dans une boîte. On poncera ensuite l'ensemble du dessin

Fig. 65. — Manière de faire le point de Boulogne pour sertir une application.

sur le tissu de fond, tendu fortement sur un grand métier à barres.

On posera le métier sur une table de façon que l'étoffe y repose. On collera alors, toujours avec la colle de farine, tous les morceaux découpés, dans les espaces poncés qu'ils doivent occuper sur le fond ; c'est un jeu de patience véritable lorsque les dessins sont compliqués et de couleurs variées. Ce collage terminé, on presse à nouveau le collage entier, en posant des cartons et des poids sur tout le dessin et en évitant de mettre des poids directement sur l'étoffe.

Lorsque tous les collages sont secs, on commence le sertissage qui peut se faire en posant des galons ou des soutaches autour des découpures, ou bien encore en les profilant à l'aide de points de Boulogne, de points de chaînette, de points plats ou de points de fantaisie. Lorsque le sertissage est fait, on exécute les nervures ou des effets sur l'application avec des points lancés, des points noués, etc., etc.

Si on a fait entrer des galons ou des rubans dans la composition, ils seront soigneusement cousus à la main. Quand les rubans sont larges, on les entoure quelquefois de soutache ou de points de sertissage comme les autres applications.

Le genre d'application que nous venons de décrire sert pour l'ameublement ou les vêtements, mais lorsqu'il s'agit d'appliquer des étoffes légères sur fond de tulle, on ne colle pas de papier. Dans ce cas, on tend d'abord le tissu de fond sur le métier, puis on pose l'étoffe qui doit être appliquée sur le fond. Les deux morceaux doivent être de même taille. On tend tout ensemble, on ponce le dessin en entier sur le tissu à découper; cela fait, on commence à broder, on sertit de ganse ou de points, en prenant les deux étoffes. Lorsque la broderie est terminée, on enlève l'ouvrage du métier, après quoi on découpe toute la partie du premier tissu qui doit être enlevée pour que l'application reste seule sur le fond de tulle. C'est un travail difficile à bien faire et qui nécessite beaucoup de soin et d'habitude.

DEVOIR DU DESSINATEUR

Composer le dessin d'une cantonnière appliquée en différents tons de velours sur drap.

Composer un volant de robe de 40 centimètres en linon appliqué sur tulle.

DEVOIR DE LA BRODEUSE

Exécuter une application pour écran en velours et galons sur satin blanc.

Exécuter un store en linon appliqué sur tulle.

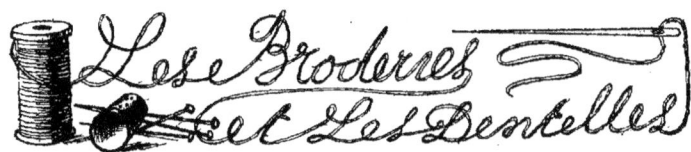

ONZIÈME LEÇON

Matériaux employés pour les dentelles à l'aiguille. — Principaux points des dentelles à l'aiguille.

Les matériaux qu'il convient d'employer pour les dentelles à l'aiguille proprement dites, sont le fil, le coton et plus rarement la soie. Une infinité de matériaux de fantaisie sont employés dans les dentelles brodées; nous en parlerons aux chapitres qui les concernent particulièrement, nous réservant de ne traiter ici que les fils et les cotons à dentelle.

Les fils et cotons employés pour les dentelles à l'aiguille varient de grosseur depuis celle d'un *bourdon* mince, employé pour l'ameublement jusqu'aux fils les plus fins employés pour le point d'Alençon ou les points gaze.

Longtemps le fil de lin fut le seul admis pour la fabrication des dentelles à l'aiguille; diverses espèces de lin sont employées pour la fabrication des fils à dentelle, mais la qualité la plus recherchée est le fil dit *cœur de lin*. Le lin à dentelle est produit par les régions du nord de la France, la Belgique, la Hollande et l'Irlande. Le fil de lin blanc des régions du nord de la France est doux, souple et nerveux, il est en général préféré à cause de cela avec celui du pays de Courtrai, très bon aussi.

Pour les dentelles très fines, on fait usage de fils triés parmi ceux des lins les plus fins et les plus blancs. Autrefois, les fils de lin à dentelle étaient filés à la main dans le Nord, en Normandie et en Bretagne et leur qualité était bien supérieure à ceux employés aujourd'hui qui sont presque tous fabriqués à la mécanique.

Vers 1830, l'invention du tulle mécanique conduisit à substituer le fil de coton au fil de lin dans beaucoup de dentelles et aujourd'hui la fabrication des fils de coton est tellement perfectionnée qu'on est arrivé à les employer même pour les plus fines dentelles.

Les fils à dentelle se désignent par numéros qui vont du n° 25 au n° 500. Les numéros les plus fins sont les plus élevés.

Les filets, les points coupés, les points de Venise, toutes les grosses guipures, s'exécutent avec des fils assez gros ou moyens et toutes les dentelles fines, tels les points de France, les points d'Alençon, avec du fil très fin. Le point gaze et le point de Sedan, qui sont les plus fines dentelles à l'aiguille, se font avec du fil n° 420 ou 440. Le fil n° 500 est plus rarement employé.

En général, la grosseur du fil employé à la confection d'une dentelle est déterminée par le dessin; et le choix du fil d'une dentelle est une chose importante qui demande des connaissances techniques, un goût sûr et exercé.

Le coton *mercerisé* est employé dans certaines dentelles à l'aiguille, son bon marché et son aspect brillant plaident en sa faveur pour les articles ordinaires. Les soies en usage pour les dentelles à l'aiguille viennent généralement de Lyon.

La dentelle à l'aiguille se confectionne le plus souvent en exécutant d'abord les dessins; les fonds, qu'ils soient à brides ou à mailles de tulle, se font en second lieu.

Les points de la dentelle à l'aiguille s'exécutent en posant des fils de *bâti* sur le dessin qui se traçait autrefois sur du parchemin et qui est, aujourd'hui, plus communément fait sur papier. Les fils du bâti servent à supporter et à attacher les points qui constituent le dessin de la dentelle à l'aiguille.

Le moyen de travailler les dentelles à l'aiguille a été emprunté aux points des broderies sur toile. C'est principalement et en première ligne sur le point de feston et sur le point de boutonnière que reposent les constructions variées des points des dentelles à l'aiguille. Il faut aussi mentionner le point de reprise et le point *tortillé* (ce dernier employé plus particulièrement dans les dentelles modernes). Il est à remarquer que dans les dentelles anciennes, c'est le feston qui est la base de toutes les constructions de points.

DENTELLES A L'AIGUILLE

Les points se divisent en trois catégories :
1° Les points servant à remplir les dessins ;
2° Les points servant à faire des jours dans les dessins ;
3° Les points servant à faire les brides et les tulles en usage pour les fonds.

Nous donnerons ici seulement les principaux points desquels tous les autres semblent être dérivés par des combinaisons issues des recherches personnelles des travailleuses.

Le *point toilé* ou *d'entoilage* (fig. 66) s'exécute en faisant d'abord un point de feston de gauche à droite après lequel on lance le fil de droite à gauche, puis on refait un point de feston en piquant l'aiguille dans la boucle de chaque point du rang précédent. Ce point donne l'aspect d'une toile serrée lorsqu'il est exécuté comme dans la figure 66, mais il peut être exécuté en faisant la maille plus lâche et il donne alors un aspect de blanc moins mat qui permet de réaliser des effets ombrés dans les dessins. Ce point est pour ainsi dire la base de l'exécution des dessins de toutes les

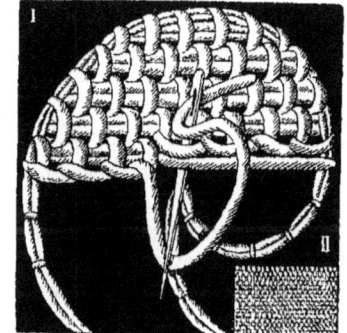

Fig. 66. — Point d'entoilage. — I. Exécution, très grossie. — II. Exécution grandeur ordinaire.

dentelles à l'aiguille, anciennes et modernes. Depuis le point coupé où il est employé, nous le retrouverons dans les points de Venise, les points d'Espagne, les points de Flandre, le point de France, le point d'Alençon, le point d'Argentan, le point de Sedan, le point gaze et dans tous les points à l'aiguille modernes. Il est exécuté en fil plus ou moins gros ou plus ou moins fin, mais c'est toujours le même point. Il s'ajoure souvent de petits clairs disposés en losanges, en fleurettes ou en fentes, dispositions que l'on retrouve également dans toutes les dentelles à l'aiguille anciennes ou modernes. Le point toilé entoure quelquefois les dessins formant comme une bande mate où viennent s'incruster en effets

104   LES BRODERIES ET LES DENTELLES

Fig. 67. — Point de tulle simple. — I. Exécution très grossie. — II. Exécution grandeur ordinaire.

plus transparents des points à jour.

Le *point de reprise*, dont nous avons donné l'explication à la troisième leçon, sert pour le remplissage des dessins dans les filets et les dentelles brodées ; il est aussi la base de nombreux points à jours pour toutes sortes de dentelles.

Les jours des dentelles à l'aiguille sont très nombreux, les plus simples sont basés sur la façon du tulle simple (fig. 67) qui consiste en un feston toujours repris dans le rang précédent et qui se fait en allant et venant. D'après ce principe, on peut créer un nombre de jours variés à l'infini en groupant des festons serrés par deux (fig. 68) ou par trois, ou en espaçant des points pour ménager des clairs en faisant des rangs de festons serrés alternés avec des rangs de festons clairs, et aussi en festonnant un rang vertical et un rang horizontal ; ou bien encore en groupant les festons serrés en dessins de pyramides, de rectangles ou autres formes géométriques on obtiendra autant de jours différents, tous reposant sur le même principe (fig. 69 et 70, 71 et 72, 73 et 74, 75 et 76).

Figure 69. — Ce point se fait de la manière suivante : — deux points de feston se suivant raccordés par une grande boucle que l'on aura soin d'arrondir avec l'aiguille. — Cette boucle devra avoir juste la grandeur nécessaire à recevoir trois points de feston au tour suivant.

Fig. 68. — Festons groupés par deux. — I. Exécution très grossie. — II. Exécution grandeur ordinaire.

Figure 70. — Faire un rang de boucles, revenir en formant 5 festons dans chaque boucle. — Les groupes de 5 festons sont raccordés par une petite boucle dans laquelle passera le fil de la grande boucle au rang suivant.

Figure 71. — Faire une petite boucle puis une autre boucle assez large pour recevoir 9 festons, raccorder par deux petites boucles à une grande,

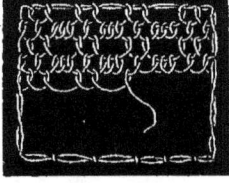

Fig. 69.

continuer par deux petites boucles — au rang suivant deux petites boucles dans celles du rang au-dessus. — Neuf points de feston dans la grande boucle — 2 petites boucles dans les mêmes au-dessus, et continuer ainsi.

Figure 72. — Faire une grande boucle très allongée — 2 points de feston serré, une

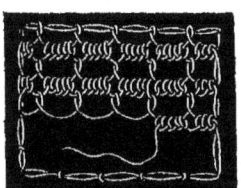

Fig. 70.

grande boucle, continuer ainsi; au rang suivant faire trois festons dans la grande boucle, une boucle plus serrée, trois festons et ainsi de suite. Au troisième rang refaire deux festons dans les intervales des 3 précédents, une grande boucle puis deux festons et continuer.

Figure 73. — Faire un rang de festons. — Au deuxième tour quatre festons; une petite boucle, puis quatre festons et continuer

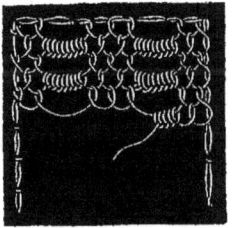

Fig. 71.

— troisième rang 2 festons repris dans les trois précédents, une boucle, deux festons, une boucle et continuer quatrième rang une grande boucle, une petite boucle prise dans les deux festons du rang précédent; continuer en faisant alternativement une grande et une petite boucle — au cinquième rang des grandes boucles successives. — Au sixième rang recommence le premier.

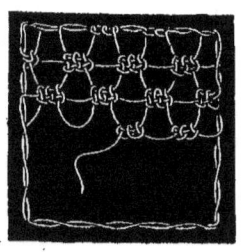

Fig. 72.

Figure 74. — Faire un premier rang de

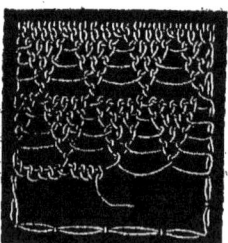

Fig. 73.

festons larges puis une boucle — dans cette boucle 4 festons verticaux; tous les rangs de même en allant et venant.

Figure 75. — Faire une boucle, dans cette boucle grouper 4 festons serrés — continuer jusqu'au bout du rang — travailler en allant et venant.

Figure 76. — Ce point imite le point de filet; il se commence dans l'angle par des points de feston formant des boucles que l'on arrondit avec l'aiguille et que l'on fixe avec un nœud fait en passant le fil comme l'indique la figure et en serrant fortement le nœud.

Le *point de reprise*, comme nous l'avons dit plus haut, est la base de nombreux jours qui en dérivent, tels : la *roue en reprise* (fig. 77) qui s'exécute en lançant des fils qui se croisent. A la croisure

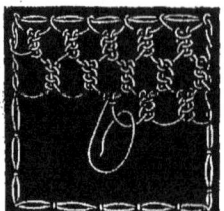

Fig. 74.

on exécute un point de reprise en tournant.

Le *point de cône* en reprise s'exécute sur des fils lancés et disposés en forme de triangle comme l'indique la figure 78. Sur ces fils lancés on travaille au point de reprise dessus et dessous en serrant le point du haut et en le laissant très lâche du bas. On fait de même les points de feuille (fig. 79).

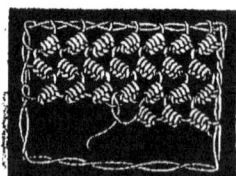

Fig. 75.

Les *brides* se divisent :

En brides au point de surjet tordues (fig. 80);
— festonnées unies (fig. 81);
— à picots épinglés (fig. 55 page 80);
— à picots vénitiens (fig. 82);

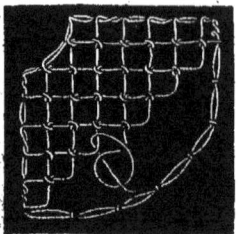

Fig. 76.

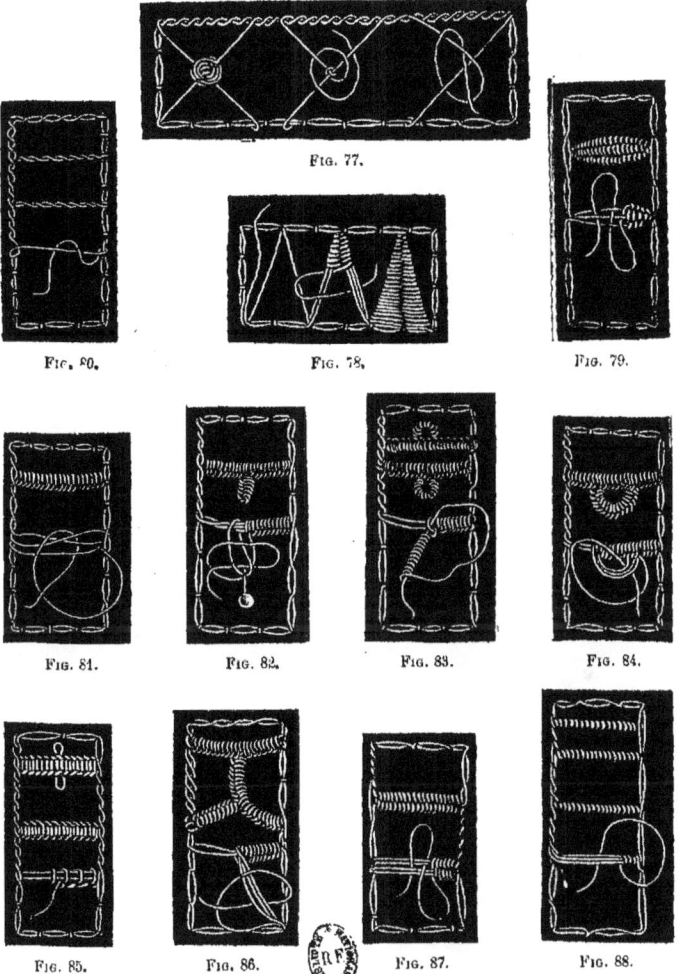

Figures très agrandies des brides principales employées dans la dentelle à l'aiguille.

Fig. 77. Roue en reprise. — Fig. 78. Point de cône. — Fig. 79. Point de feuilles. — Fig. 80. Brides au point de surjet, tordues. — Fig. 81. Brides festonnées, unies. — Fig. 82. Brides à picots vénitiens. — Fig. 83. Brides à picots points de poste. — Fig. 84. Brides à picots festonnés. — Fig. 85. Brides festonnées doubles. — Fig. 86. Brides ramifiées pour fond de guipure. — Fig. 87. Brides au point de feuille. — Fig. 88. Brides au point de cordonnet.

En brides à picots point de poste (fig. 83);
— à picots festonnés (fig. 84);
— festonnées doubles (fig. 85);
— ramifiées pour fond de guipure (fig. 86);
— au point de feuille (fig. 87);
— au point de cordonnet (fig. 88);
dont nous donnons ci-contre les figures explicatives très agrandies.

Nous avons donné le dessin de l'exécution d'une bride à picots (page 80 fig. 55). Nous ne nous étendrons donc pas sur l'exécution des différents genres de brides, le simple examen de nos figures permettant de se rendre compte de leur exécution.

Les brides ont donné naissance à une maille festonnée de forme hexagonale et employée dans les points de France, d'Alençon, d'Argentan. On en trouvera la figure à la leçon traitant spécialement de ces dentelles.

Il nous reste enfin à démontrer le point de tulle hexagonal pour en finir avec les points fondamentaux des dentelles à l'aiguille.

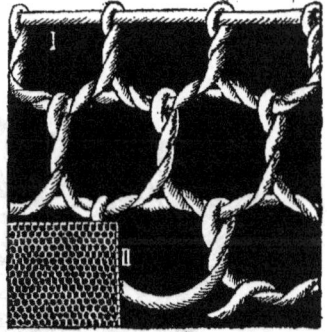

Fig. 89. — Point de tulle hexagonal. — I. Exécution très grossie. — II. Exécution grandeur ordinaire.

La figure 89 représente l'exécution du *point de tulle hexagonal* à l'aiguille. Pour exécuter ce point, on fait des brides tortillées assez écartées l'une de l'autre en travaillant de gauche à droite, elles se trouvent reliées entre elles par une suite de boucles formant festons que l'on a soin de maintenir bien arrondis; au deuxième rang, on surfile ces festons en travaillant de droite à gauche, au troisième rang on recommence un rang de brides comme dans le premier tour.

L'explication des principaux points énumérés ici permettra de comprendre à peu près toutes les dentelles en les étudiant avec attention.

Devoir du dessinateur

Le dessinateur s'exercera à dessiner les différents points de façon très compréhensible pour les ouvrières.

Devoir de la dentellière

La dentellière s'exercera à faire les points décrits dans la leçon.

DOUZIÈME LEÇON

Le filet. — Le lacis. — Le filet vénitien. — Le filet moderne.

(Voir la planche hors texte page 117).

Historique. — Le filet est un ouvrage composé de mailles simples retenues par des nœuds, il a subi des transformations successives qui en ont fait un véritable travail artistique. Le filet doit être divisé en deux parties : le filet proprement dit, c'est-à-dire le réseau, et le filet brodé.

Le filet est un travail des plus anciens et on ne peut en déterminer d'une façon certaine l'origine, car elle se perd dans les temps les plus reculés. Les filets rudimentaires employés pour la chasse et la pêche dans les temps préhistoriques durèrent longtemps avant de devenir une parure ; c'est à l'époque où un commencement de civilisation pénétra dans les mœurs qu'on vit apparaître l'un des premiers, le filet en laizes ou en bandes comme garniture. Depuis de longs siècles on a exécuté en Chine du filet et des broderies sur filet qui ont quelque analogie avec les fils tirés et le point coupé du moyen âge.

Les Hébreux, les Égyptiens, les Assyriens, les Phrygiens connurent le filet et employèrent communément cette parure.

La femme de Claude, empereur romain, parut dans une fête donnée par son époux, vêtue d'une robe en filet d'or.

Le mot latin *reticulum* signifie sac en filet, objet en filet ou simplement filet. Le nom français *rets* (filets de chasse) est venu du mot latin *reticulum*. De ce mot s'est formé également la dénomination *réticule* dans le langage actuel, qui s'applique à un sac à ouvrage devenu par suite une élégante poche mobile que les femmes portent à la main. Le réticule n'est pas d'invention moderne, les fouilles d'Antinoë, si précieuses au point de vue des documents qu'elles fournissent aux travailleurs, nous ont montré de très élégants réticules de filet ou de dentelle, gracieux accessoires des toilettes féminines aux premiers siècles de notre ère.

Les Maures, les Sarrazins et les Arabes, comme nous l'avons déjà dit, ont employé le filet.

Les travaux accomplis dans les couvents dont se couvraient les Gaules aux époques transitoires, améliorèrent sensiblement les formes et les conceptions anciennes et firent accomplir un développement artistique et technique considérable aux ouvrages en filet. Malgré l'absence de renseignements précis, on peut supposer que le filet prit le nom de *résel* vers la fin du moyen âge, dont on fit *réseuil* et, plus tard, *réseau*.

L'étimologie du nom *lacis* peut être recherchée dans le mot latin *lacinia* qui conduit sans transition aux expressions *lacs* et *entrelacs*, très usitées anciennement pour désigner des passements ou dentelles et aussi au mot anglais *lace* qui signifie dentelle.

Le lacis, à première vue, ne diffère pas beaucoup du filet et il faut avoir un œil exercé pour ne pas s'y méprendre. La différence est dans le mode d'exécution. Le filet est exécuté sur un moule à l'aide d'une navette, en l'air, sur les doigts. Le lacis s'obtient en retirant d'un tissu léger des fils dans le sens de la chaine et de la trame, de manière à obtenir un réseau carré que l'on rend solide par un point noué à l'aiguille à l'entre-croisement de chaque fil. Il ne faut pas confondre non plus le lacis avec les broderies à fils tirés dont nous avons parlé page 55 et qui ont encore un aspect similaire, quoiqu'elles ne s'exécutent pas de la même façon, le lacis ayant un seul fil réservé et noué aux angles au lieu que les fils tirés sont un groupe de fils surfilés en cordonnet par un point de broderie ou de surjet.

Le réseau du lacis étant plus fin que le réseau du filet, il fut préféré à ce dernier pour les ouvrages d'une plus grande richesse, mais il resta toujours à fond carré et ne put prendre une autre forme géométrique.

Ce n'est qu'à l'époque de la Renaissance, vers 1520, qu'en Italie et en France on broda sur lacis des entrelacs de couleur pour cols et manches ; on en garnissait d'autres lingeries. Son utilisation ne dura guère plus de deux siècles, les fils tirés et le point coupé le remplacèrent et hâtèrent sa disparition. Cependant, au Chili et dans diverses contrées de l'Amérique, les femmes y consacrèrent leurs loisirs jusqu'en ces derniers temps. Les expositions universelles de 1878 et de 1889 à Paris nous ont montré des travaux de ce genre.

On fabriquait autrefois à Quintin, petite ville des environs de Saint-Brieuc, des toiles claires propres à recevoir des broderies analogues à celles dont on ornait le lacis et dont on faisait des collets, des rabats et aussi des tamis. Maints tissus clairs ont été fabriqués depuis, sur lesquels on a essayé des broderies, mais aucun n'a pu se comparer au filet ou au lacis desquels ils sont restés très éloignés par leur infériorité.

Fig. 90. — Carré en filet ancien (dix-septième siècle) exécuté en point de toile serti d'un fil plat.

Plusieurs recueils de dessins sur le filet et le lacis brodés ont été publiés et ont contribué pour une large part à la vulgarisation de ces travaux. Les ouvrages les plus intéressants traitant du filet et du lacis ont été publiés par :

Hans Silmacher en 1597 (Nuremberg) ;
P. Quintyn, en 1527 (Cologne) ;
Tagliente, en 1546 (Venise) ;
Nostermans, en 1514-1542 (Anvers).

Le filet et le lacis, relativement faciles, ont eu un immense attrait au xvie et au xviie siècles pour toutes les femmes. En Italie, en Allemagne et en France, ils ont suscité des travaux dont les progrès leur assuraient le premier rang. La variété des points qui furent découverts permettaient d'approprier le travail du lacis et du filet brodés à la destination des objets les plus divers : l'ameublement, les ornements d'église, la lingerie profane et sacrée inspirèrent tour à tour les dessinateurs et les travailleuses et aboutirent à déterminer dans tous les genres de brillantes productions dont les collectionneurs s'arrachent encore aujourd'hui les restes à prix d'or.

Le filet vénitien repose sur le même travail que le filet ordinaire, les mailles en sont beaucoup moins écartées et les fils de lin employés sont plus fins, il est brodé au point de toile et le dessin est serti d'un

Fig. 91. — Bande de filet pour ameublement exécutée au point de toile.

feston serré. On fit aussi au xviie siècle du filet coupé dont il existe des échantillons aux musées royaux des arts décoratifs et industriels de Bruxelles. Le filet coupé consistait en un travail où le dessin était exécuté en reprise ; les mailles du fond étaient coupées, et le dessin relié par des points de contact de sa forme même, s'enlevait sur un fond complètement ajouré.

Le filet tomba dans l'atonie lorsque le lacis eut disparu. Au xviiie siècle, il faut attendre le dernier quart du siècle pour voir le filet ressusciter sous la forme du filet moderne.

Le filet est-il une broderie ou une dentelle ? Question controversée, mais sur laquelle on se met d'accord forcément par suite du principe qui établit que le filet est un réseau à mailles claires exécuté en l'air et non un tissu. N'étant pas un tissu, il ne pourrait s'appeler broderie, et il doit recevoir le nom de *dentelle*. Une preuve moins abstraite se trouve dans l'industrie courante : les fabricants s'estiment dentelliers et dans les grands magasins de nouveauté au détail, ce sont les acheteurs du rayon de dentelle qui font les approvisionnements de filet brodé et non brodé.

Dessin spécial pour le filet brodé. — Le dessin du filet brodé ne peut pas être un dessin quelconque appliqué au travail du filet. Le dessinateur doit composer son esquisse spécialement pour sa destination : il convient qu'il connaisse le nombre de millimètres que présentera la maille du filet qui sera brodé. Plus la maille du filet est grosse, plus le dessin doit être simple. Dans les filets genre ancien et dans le filet vénitien, toute la difficulté du dessin se trouve enfermée dans la question de grosseur du réseau, car il est très difficile de ne pas tomber dans des effets grotesques lorsque l'on doit représenter des personnages sur des fonds à grandes mailles carrées. En général, nous conseillons, comme nous l'avons dit pour les fils tirés, de faire des compositions à dispositions géométriques sur les filets de grosseur moyenne ou très gros et de n'aborder la représentation des personnages ou des animaux que sur les réseaux fins.

Fig. 92. — Galon en filet moderne.

Nous conseillons de faire l'esquisse au fusain sans s'inquiéter des mailles en escalier, de la noircir d'un frottis de crayon accentué, puis de poser ensuite sur cette esquisse un papier à calquer (on en vend de tout tracé, en différentes dimensions, par impression) sur lequel les mailles du filet se trouvent marquées à la grosseur voulue. Alors on suit à l'aide d'une plume le trait du dessin en suivant la forme que donne au contour la nécessité de travailler en manière d'escalier. Souvent le trait primitif sera déformé et il faudra tâtonner pour reprendre un galbe gracieux, mais il n'y a pas à se décourager de cette difficulté; avec de l'habitude on arrive à la vaincre.

Fig. 93. — Dentelle en filet moderne avec point d'esprit.

Le lacis ne se fait plus, son dessin serait le même que celui du filet ancien et filet vénitien si on voulait tenter de faire revivre ce travail.

Pour le dessin de filet moderne, qui s'exécute sur des mailles très grandes, il faut chercher des combinaisons données par l'arrangement des carrés et par de grandes lignes qui peuvent être amenées par l'emploi de broderies en l'air retenues à la maille du fond par quelques points qui les fixent. Dans ce cas, des guirlandes de feuillage ou de grosse fleurs, des grappes de fruits pourront donner un heureux effet.

Carré de filet brodé genre ancien, travaillé au point de toile.

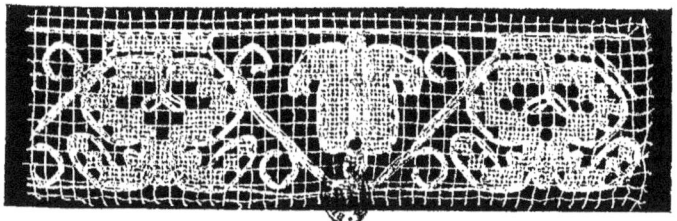

Bande de filet brodé, travaillé au point de toile serti d'un fil plat.

LE FILET VÉNITIEN ET LE FILET MODERNE

La connaissance des points employés pour broder le filet moderne sera très utile au dessinateur appelé à faire des compositions pour ce genre de travail.

Matériaux employés pour le filet brodé. — Le filet brodé se fait ordinairement avec du fil de lin ou du fil de coton quand il est employé à son usage principal et courant : l'ameublement, pour lequel il sert à garnir des stores, des brise-bise, des couvre-lits,

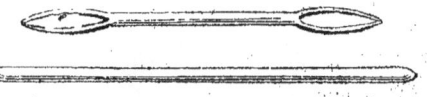

Fig. 94. — Navette et moule à faire le filet.

des rideaux, des draps, des oreillers, des coussins, des voiles de fauteuils, des nappes, des napperons.

Si on emploie le filet brodé pour la robe et la confection, qui lui restent beaucoup plus fermées, il peut être fait en soie, en laine ou fil de métal. On l'exécute aussi en coton *mercerisé* et en soie *végétale*. Malgré leur éclat, ces matières textiles ne sont pas arrivées à donner au filet, même en noir, la vogue qu'il atteint dans l'ameublement et il est retombé en défaveur pour le costume.

Exécution du filet brodé. — Pour exécuter le filet brodé, la première chose à se procurer c'est le fond de filet. Anciennement tous les filets étaient faits à la main, cependant les premiers métiers s'exercèrent à fabriquer des réseaux à mailles carrées ou longitudinales sur lesquels des essais de broderies furent commencés. Le temps employé à toute œuvre d'art chez les anciens, n'entrait pas en compte, ils voulaient faire bien et non faire vite, deux termes opposés d'un problème que notre époque s'exténuera vainement à résoudre.

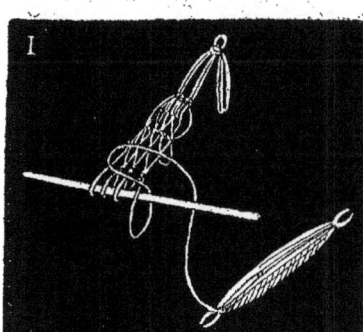

Fig. 95. — Première manière de placer la navette et le moule pour faire le filet.

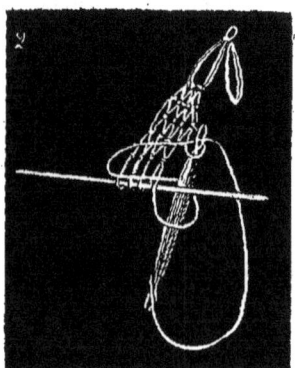

Fig. 96. — Deuxième manière de placer la navette pour faire le filet.

Aussi les anciens firent-ils à la main la plupart des objets que les siècles passés nous ont transmis.

De nos jours on emploie en quantité le filet mécanique comme fond; cependant, nous ne saurions assez dire qu'il est mille fois préférable de se servir de filet à la main qu'on peut facilement se procurer à bon marché, car il est fait par des paysannes (surtout en Normandie) nommées *fileteuses*, qui se livrent à cette fabrication en gardant leurs troupeaux.

Le filet que l'on peut faire aussi soi-même se travaille à l'aide de navettes et de moules en acier pour les filets fins, en os pour les filets moyens et en bois pour les filets très gros.

Le filet est plus facile à faire avec du fil de lin ou de coton qu'avec de la soie ou de la laine, ces deux derniers textiles ayant le défaut, le premier de vriller, le second de se relâcher.

Pour exécuter le filet, on charge de fil la navette, on fait une boucle de gros fil que l'on fixe sur une pelote ou sur un plomb. On attache le fil de la navette à la boucle. On prend le moule dans la main gauche entre le pouce et l'index, on passe le fil sur le moule et sur les trois premiers doigts, on le ramène en haut, derrière les doigts, on le maintient avec le pouce, puis on fait descendre le fil derrière les doigts et derrière le moule et l'on fait passer la navette dans la boucle qui se trouve sur les doigts, on serre le fil légèrement, on dégage les

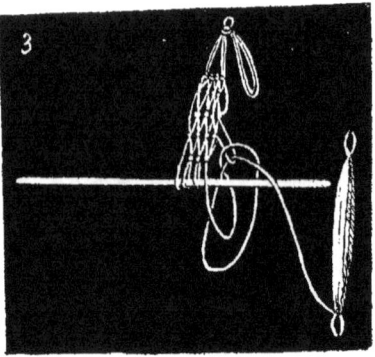

Fig. 97. — Troisième manière de placer la navette pour former le nœud de la maille.

Fig. 98. — Aube en filet moderne appliqué sur fond de tulle mécanique.

doigts de la boucle et on serre le nœud. Une première maille se trouve faite, on continue de même pour les suivantes.

Le filet se travaille en commençant par une maille et en augmentant, ou bien sur un rang de mailles d'un nombre déterminé.

Pour broder le filet, on se sert d'un cadre de métal garni de coton recouvert d'un lacet sur lequel on tend le filet destiné à être brodé. Le point le plus simple pour broder le filet est le point de re-

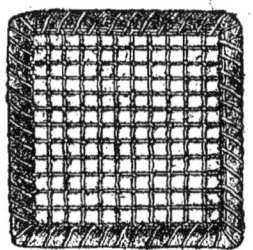

Fig. 99. — Manière de monter le filet sur un cadre de fer pour la broderie.

prise qui consiste à faire par-dessus le nombre de carrés indiqués par le dessin des points qui vont et viennent, le nombre de fois nécessaire à les remplir (fig. 100). Puis vient le point, dit de *toile*, qui en réalité n'est que le point de reprise ordinaire (fig. 101). Ces deux points, avec le feston suffisent à exécuter les filets genre ancien

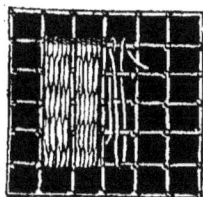

Fig. 100. — Le point de reprise.

et vénitien. On entoure quelquefois les dessins du filet brodé d'un fil plat pour sertir la forme. (Voir p. 117 h. t.)

Dans le filet moderne on emploie une quantité de points; mais les plus caractérisés, sont le point d'*esprit* usité pour les fonds dont il garnit les grands vides des mailles. Le point d'esprit s'exécute en formant des points de feston attachés dans le milieu des mailles du filet.

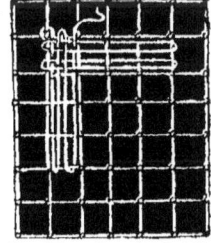

Fig. 101. — Le point de toile.

Au premier et au deuxième tours on passe l'aiguille sous la bride du filet, verticalement, puis sous la bride du filet horizontalement en enfermant la boucle du tour précédent comme dans la figure 93.

On emploie beaucoup les points de feuille, les roues en reprise, les cônes, les brides tortillées, le point toilé, les brides festonnées, les brides surfilées

Fig. 102. Étoile en reprise.

en cordonnet que nous avons décrits aux points de dentelle, enfin on fait usage d'étoiles en fils lancés dont nous donnons un dessin, (fig. 102).

L'emploi judicieux de tous ces points permet à l'ouvrière de fournir des combinaisons et des effets toujours nouveaux et intéressants.

Devoir du dessinateur.

Faire le dessin d'une nappe à thé en filet brodé genre ancien fin, incrusté dans de la toile de Hollande. Faire le dessin d'un store bon marché en filet brodé moderne. Combinaison géométrique.

Devoir de la dentellière.

Exécuter un carré du filet brodé ancien à personnages au point de toile.

Exécuter une bande de filet moderne à dessins géométriques.

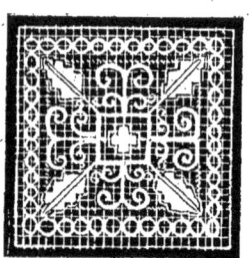

TREIZIÈME LEÇON

Le point de Venise.

(Voir la planche hors texte page 135).

Historique. — Selon toute apparence, l'invention des dentelles à l'aiguille est due à l'Italie qui la revendique à juste titre. Il paraît probable que les Italiens apprirent l'art des travaux à l'aiguille des Grecs, car c'est justement dans les villes qui entretenaient le plus de relations avec l'Empire grec que l'on commença à faire des dentelles à l'aiguille et que cette industrie devint des plus florissantes.

Dès le XVe siècle, on trouve en Italie les preuves de l'existence de la dentelle. Au début, elle se faisait dans les couvents et était destinée à l'usage des églises. Lorsqu'on commença à en faire le commerce, la première connue fut le point de Venise.

Les galères de Venise importèrent de bonne heure en Europe les riches dentelles qui se fabriquaient dans cette ville et plus probablement à Raguse, car cette dernière semble avoir précédé Venise pour la fabrication des dentelles à l'aiguille.

Les premières dentelles de Venise étaient plates, d'un dessin raide et géométrique, elles dérivaient en droite ligne des fils tirés et du point coupé dont elles gardaient encore en partie l'aspect général.

Ces dentelles dites *réticella*, exécutées au point de feston, ont un peu l'aspect d'ouvrage au crochet. Bientôt elles perdirent cette physionomie pour prendre des dessins plus souples, plus gracieux et devinrent les splendides guipures dénommées point de Venise.

Les genres de dentelle que l'on produisit en Italie en ces temps de prospérité furent très nombreux et engendrèrent les regrettables confusions qui firent donner le nom de point de Venise à plusieurs dentelles assez dissemblables. L'esprit est naturellement troublé par ce fait de donner le même nom à des dentelles absolument plates à dessins géométriques, à d'autres ayant de très gros reliefs à dessins fleuris, à d'autres encore faites de petits rinceaux fins et serrés, entourés de points de feston, à des dentelles ayant un fond de réseau, à d'autres aussi ayant un fond à brides ou n'ayant pas de fond du tout ; uniformément baptisées point de Venise.

Avant d'aller plus loin dans l'historique des dentelles faites à Venise, nous voudrions essayer de dissiper les doutes et de préciser les genres et les noms qu'il conviendrait de leur appliquer selon leur fabrication et selon leur aspect. Pour plus de clarté, établissons d'abord que le mot dentelle embrasse et résume la généralité des travaux à fonds clairs exécutés à l'aiguille, aux fuseaux, au crochet, au tricot, au métier et à la machine. Techniquement on en détache les guipures et les tulles.

La différence d'aspect et d'exécution de ces travaux exige une classification rationnelle :

Le mot *dentelle* est venu de dent et de dentelé parce que les bords en sont ordinairement découpés en forme de dents. La dentelle proprement dite comprend tous les travaux à fond de *réseaux* sur lesquels repose un dessin ordinairement fin, mat et plat.

Exemple : Le point d'Alençon, le point d'Argentan, le point gaze, l'application, le Chantilly, la Valenciennes, la Malines, etc., sont des dentelles.

La guipure (nous avons donné l'origine du mot guipure à la première leçon) désigne particulièrement les travaux à fond de brides fortement relié à des dessins simples et souvent à reliefs, tels que le point coupé, le point de Venise, le point de France, le point d'Espagne, le Bruges, le Craponne, le Luxeuil, etc., qui sont des guipures. L'existence de la guipure est mentionnée dans les relations des fêtes et cérémonies du sacre de Henri II.

Ceci dit, passons à l'examen des différents genres de dentelles et guipures désignés sous le nom de point de Venise.

Au début de l'invention des dentelles à l'aiguille, les premiers points de Venise furent généralement plats ; ils étaient faits à fond de bride ou sans fonds. Ils représentaient souvent d'amusants personnages : c'étaient là des guipures auxquelles il convient de donner le

Fig. 103. — Divers motifs en point de Venise à dessins géométriques destinés à être incrustés dans un tissu.

LE POINT DE VENISE

nom de *Venise plat*. Puis vinrent les splendides ouvrages à l'aiguille auxquels on doit donner vraiment le nom de *point de Venise*; ce sont ces guipures dont le contour des dessins mats, toilés ou ajourés, est enrichi de festons à gros reliefs, bourrés d'une âme en coton, et qui portent le nom de *brodes*; leurs motifs sont reliés entre eux par de fortes brides ornées de picots.

Le point de Venise est la plus massive et à la fois la plus somp-

FIG. 104. — Point de Venise plat à dessin de personnages. (Collection de M. Lescure.)

tueuse des guipures, son aspect riche et merveilleux se distingue par la grande variété des jours, la beauté de ses grandes fleurs qui s'épanouissent en rinceaux d'une large hardiesse reliés *entre eux* par des brides picotées quelquefois si minces qu'elles ressemblent à de simples fils.

La grosseur des festons, les superpositions du travail des fleurs ou ornements sont encore une des qualités distinctives des travaux de la période vénitienne des XVIe et XVIIe siècles.

De nos jours, on donne le nom de *point Colbert* à un travail analogue à celui du point de Venise. Le point Colbert se fabrique dans le Calvados.

Il reste enfin les ouvrages à petits rinceaux délicats comme de fines branches de corail ornées de fleurettes ravissantes enrichies de bouclettes à picots superposés ; c'est le *point de rose*. Cette guipure travaillée avec des fils très fins est moins luxueuse que le gros point

Fig. 105. — Point de Venise à gros relief. Travail du dix-septième siècle (Musée de Cluny).

de Venise, mais, étant plus fine, elle est plus élégante. Le genre de travail qui la caractérise se ressent de la mignardise des dessins de l'époque du xviiie siècle qui la vit paraître. Elle se rapproche du goût qui inspira les fabricants d'Alençon et d'Argentan. (Voir la planche hors texte page 135.)

En Italie, on désignait les dentelles en général par les mots *punto in aere* (point en l'air), expression qui s'applique à toutes les dentelles à l'aiguille.

Au seizième et au dix-septième siècles, Venise avait accaparé la production et le commerce des plus belles dentelles à l'aiguille. Le

Fig. 106. — Laize en point de Venise.

chiffre des achats faits par la cour de France en Italie était énorme.

C'est à ce même moment, comme nous l'avons déjà dit au début de cet ouvrage, que Colbert, frappé de voir l'argent français quitter le royaume pour passer à l'étranger, résolut de généraliser en France l'industrie de la dentelle à l'aiguille, telle qu'on la faisait à Venise. On se mit donc rapidement en France à fabriquer du point de Venise aussi bien qu'en Italie et le goût français ne tarda pas à se manifester, des dessins spéciaux furent composés par les dessinateurs de l'atelier des Gobelins et on cessa bien vite de copier servilement ceux venus de Venise.

Il paraît même possible que les dessins français ne soient pas étrangers à la transformation que subirent aussi les dentelles faites à Venise. Quand des dessinateurs de la valeur de Bérain et de Le Brun employaient leur talent à créer des dessins spéciaux pour la nouvelle fabrication des dentelles, il est tout simple qu'il en devait résulter un aspect artistique particulier.

Le point de Venise, fait en France, prit au début le nom de *velin*, du fait de ce qu'il était travaillé sur parchemin. Peu à peu, le point de Venise s'affina, se modifia et devint du *point de rose*, déjà plus délicat que le premier, il arriva ensuite à un genre nouveau, d'un dessin plus précis qui puisa son ornementation dans une architecture de fantaisie d'un aspect léger avec des développements de rinceaux à droite et à gauche, qui amena l'inauguration des fonds à mailles régulières. C'était la naissance du point de France, qui va faire le sujet de la prochaine leçon.

La fabrication des genres point de Venise végète actuellement en Normandie et en Franche-Comté sans grand espoir de relèvement.

En Italie, l'industrie de la dentelle s'amoindrit rapidement à Venise. Vers le milieu du XIX° siècle la fabrication de la dentelle de Venise qui s'était conservée languissante dans l'île de Burano jusqu'en 1845, tomba complètement. En 1872, on tenta en Italie de faire recopier d'anciens modèles à de vieilles dentellières. Une école d'apprentissage fut ouverte et suivie par une vingtaine de femmes, élèves qui, une fois formées, retournèrent dans leurs villages et apprirent le métier à leurs filles ou à leurs voisines.

C'est également en 1872 que l'école de Burano fut fondée par la comtesse Andriana Marcello et fut directement l'œuvre de l'aristocratie italienne. La reine Marguerite, alors princesse de Piémont, s'attacha avec la comtesse Marcello à retrouver la fabrication du *punto in aere*, en défaisant d'anciennes dentelles pour étudier les secrets de leur fabrication. Aujourd'hui l'industrie de la dentelle est assez prospère à Burano et à Venise où elle s'est réinstallée difficilement.

Dès le xviie siècle, la Belgique avait commencé des essais d'imitation au point de Venise. La persévérance a développé et fixé en Flandre cette fabrication dont encore aujourd'hui l'Italie est tributaire, et en tire la majeure partie de ses dentelles, vendues aux étrangers sous le couvert de sa vieille réputation.

La fabrication du point de Venise coûte très cher, elle est donc par conséquent une production relativement restreinte. Actuellement, le point de Venise est employé pour des cols, des berthes, des empiècements, des volants, des rabats, des quilles et des garnitures de toutes sortes pour la toilette féminine. Au xviie siècle et au xviiie siècle, il était la garniture de luxe du costume masculin, autant, sinon davantage que celle du costume féminin.

La cherté du point de Venise entrave son emploi dans l'ameublement. Une mode récente, ressuscitée d'autrefois, en fait la garniture des tables ; napperons, dessous de plat, nappes et même serviettes en sont ornés. C'est un luxe superbe qui n'est pas à la portée de tous, mais que les classes riches feraient bien de conserver, car rien ne s'allie mieux avec la belle argenterie.

Les métiers suisses et saxons sont parvenus à reproduire assez fidèlement la majeure partie des points de Venise et ont porté un grand coup à la prospérité des travaux manuels.

Dessin spécial des différents genres de points de Venise. — Les dessins destinés au Venise plat sont le plus souvent géométriques. Dans ce cas on peut trouver toutes les combinaisons désirées. Reproduire d'anciens arrangements ou en chercher de nouveaux. L'effet doit être joli, il ne faut pas envier d'autre résultat. Les livres de patrons anciens ont donné une véritable moisson de ce genre de dessins ; on puise encore aujourd'hui dans ces anciens recueils où on

Guipure de Venise au point de Rose, xviiie siècle.
(*Appartient à Mme SAINT-MARTIN.*)

rencontre des combinaisons de lignes charmantes. Les personnages habilement employés donneront un fort joli effet dans le Venise plat.

Le dessin du point de Venise proprement dit, doit être inspiré des genres anciens ; il convient donc de les étudier avec grand soin, soit dans les musées ou dans les ouvrages spéciaux que l'on peut consulter dans les bibliothèques. Ce dessin doit être d'une composition riche et hardie ; les enroulements amples et d'une grande liberté. On n'y doit pas sentir la trace d'une recherche pénible ; au contraire, il lui faut la majesté du contour unie à la gracieuseté de l'ensemble. Il ne faut pas craindre une certaine lourdeur et user largement des effets à reliefs des brodes pour accentuer les ornements ; ces effets de relief devront être indiqués forts et épais au milieu et s'amincir sur les bords où ils doivent être très fins. Certaines parties festonnées d'un point mince et délié cisèleront la composition en ménageant d'heureux contrastes. Les points à jour doivent être indiqués avec soin dans le dessin et aussi nombreux et variés que possible. Les brides seront grosses ou fines et picotées selon le genre de la guipure.

Dans certaines guipures, le dessin se tient sans bride du tout ou avec quelques brides seulement.

Le dessin du point Colbert ne comporte presque pas de brides et il a de très gros reliefs. Pour le point Colbert, on peut faire de la composition de style moderne, de la fantaisie ou du style choisi, ce n'est plus tout à fait la même chose que pour le point de Venise proprement dit.

Le dessin du point de rose doit être très délicat, il est exécuté en fil excessivement fin, il faut donc lui donner des formes d'un aspect mignard et très gracieux. Ses brides sont d'une grande finesse, ses fleurettes à étages superposés, picotés s'attachent sur des rinceaux délicats sertis d'un simple feston, qui couvrent tout le fond. Le point de rose comporte des brodes à reliefs dans ses fleurettes, elles sont naturellement petites, étant donné que les ornements du point de rose sont très menus. On compare souvent le dessin du point de rose à des branches de corail ou de madrépores.

Matériaux nécessaires pour exécuter les différents genres de points de Venise. — Ces matériaux se bornent à du fil, blanc, crème on bis de différentes grosseurs et à des aiguilles assorties à la grosseur du fil qu'on emploiera. Du papier noir pour reproduire le dessin et une grosse toile pour coudre derrière le papier noir dessiné.

Exécution du point de Venise. — Tous les genres du point de Venise s'exécutent le plus souvent sur un papier dessiné, quelquefois sur une toile cirée. Ils se travaillent sur le doigt ou sur un coussin rond au point de boutonnière ou au point de feston.

Pour exécuter le point de Venise, on pique d'abord le dessin, opération qui se fait en posant le papier dessiné sur un coussin ou une pelote et en piquant à l'aide d'une épingle, des trous de place en place, à la distance de quelques millimètres. On devra avoir soin de faire un trou sur chaque angle formé par le dessin. Le dessin piqué est appliqué et bâti sur une toile grise assez forte. Ensuite, la dentellière prendra deux brins de fil de la grosseur de celui dont elle doit se servir pour faire la dentelle, puis elle posera ces fils en suivant les contours du dessin, en faisant un point *à cheval* sur les deux premiers fils et en piquant son aiguille enfilée d'un fil très fin, deux fois dans le même trou fait avant avec l'épingle, de façon à ne pas coudre, mais à fixer seulement

Fig. 107. — Piquage du dessin et pose du fil de trace.

Fig. 108. — Volants en potni de Venise exécutés en Belgique (travail moderne.)

les deux brins de fil qui sertiront le dessin et prendront le nom de fil de trace (fig. 107).

Quand le fil de trace est posé sur tout le dessin, il faut commencer les points qui doivent le remplir. Il est préférable d'exécuter d'abord toute la partie qui doit être faite en point de toilé ou d'entoilage dans les tiges, les rinceaux et dans les fleurs ou feuillages. Ce point est expliqué à la onzième leçon.

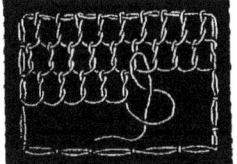

Fig. 109. — Manière de faire le point à jour à feston doublé.

Le point d'entoilage achevé, il faudra exécuter les parties du même point qui s'ajourent de petits clairs que l'on obtient en sautant régulièrement un ou plusieurs points. Ensuite viendront les parties agrémentées de points à jour; pour l'exécution de ceux-ci, il convient de se reporter à la onzième leçon, traitant des principaux points usités dans les dentelles à l'aiguille.

Nous donnons ici deux des jours qu'on pourra employer de préférence, pour le point de Venise, mais tous les jours sont actuellement en usage à peu près indifféremment dans toutes les dentelles à l'aiguille. La dentellière doit s'appliquer à varier les points le plus possible et même inventer des combinaisons nouvelles. Tout le dessin étant rempli de points, il faut exécuter les brides ; nous avons donné les figures des différentes brides à la onzième leçon, à laquelle nous prions nos lecteurs de se reporter.

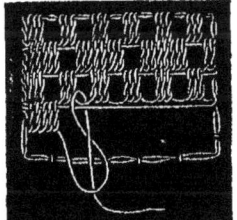

Fig. 110. — Dessins à jour obtenus en sautant des points.

Le point de rose est de tous les points de Venise le plus difficile à exécuter. Il demande de très bonnes ouvrières pourvues du sens artistique et d'excellents yeux, car le fil employé pour le point de rose est des plus fins.

Les brides étant terminées, il faudra festonner toutes les parties du dessin ne comportant pas de relief, d'un petit feston simple et uniforme. Les brodes ou gros reliefs seront exécutés en dernier, à l'aide d'un feston très bourré avec du coton à repriser, comme le montre la figure 111. Si le dessin indique des effets de relief à plusieurs étages, chaque partie superposée s'exécute séparément et selon le principe expliqué pour le travail démontré ci-dessus. Il est essentiel d'exécuter toutes les dentelles fort proprement. Pour éviter de salir le travail, on pose sur le papier dessiné un morceau de papier bleu de même grandeur que le dessin et dans lequel on a pratiqué une ouverture, laissant libre seulement l'espace nécessaire pour travailler. Ce papier bleu glisse librement de côté ou d'autre, il n'empêche pas de faire les points et il protège le travail en train.

Devoir du dessinateur

Faire le dessin d'un napperon en point de Venise plat à dessins géométriques.

Faire le dessin d'un col en point de Venise.

Faire le dessin d'un volant de 30 centimètres au point Colbert.

Faire le dessin d'un petit volant de 15 centimètres au point de rose.

Devoir de la dentellière

S'exercer à faire les points indiqués dans cette leçon.

Faire un coin pour nappe à thé en Venise plat, un motif de robe en point de Venise avec du fil bis, un échantillon de galon pour robe en point de rose ayant 8 centimètres.

Fig. 111. — Bourrage et exécution des brodes.

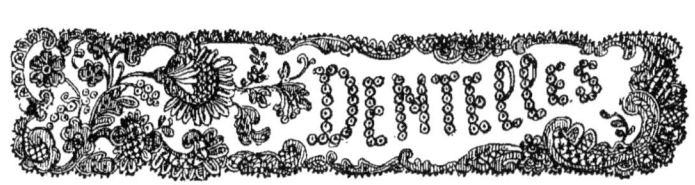

QUATORZIEME LEÇON

Le point de France. — Le point d'Alençon.

(Voir la planche hors texte page 145)

Historique du point de France et du point d'Alençon. — L'histoire du point de France et celle du point d'Alençon sont intimement liées, l'un et l'autre ayant la même origine qui est le point de Venise.

C'est vers le milieu du xvii° siècle que la dentelle à l'aiguille parut en France se dégager complètement de la broderie proprement dite, et c'est à la même époque que des centres de production s'organisèrent pour favoriser et développer sa fabrication alors si florissante en Italie. Dès 1626, un édit royal empêcha l'importation en France des points et dentelles italiens et suscita l'idée de les imiter dans toutes les contrées où l'on travaillait déjà la dentelle à l'aiguille ou aux fuseaux.

Les amateurs, privés de l'accessoire préféré de leur toilette en souffrirent durement et par leurs démarches puissantes contribuèrent à l'introduction frauduleuse d'abord, officielle ensuite, des plus beaux spécimens et des plus habiles dentellières vénitiennes en France. Colbert comprit admirablement la situation et lui donna la meilleure solution. C'est à lui que la fabrication du point de France et du point d'Alençon doivent leur perfectionnement et ce sont les années du règne de Louis XIV qui ont vu naître les plus belles dentelles. Encouragé dans cette entreprise par la faveur royale, Colbert s'enquit des localités où les ouvrières travaillaient déjà le point coupé, le lacis et le réseuil, estimant qu'elles étaient mieux préparées que d'autres, pour donner l'extension désirée à l'art délicat de la dentelle. Les villes choisies furent Alençon, Sedan,

Aurillac, Reims, Arras, Loudun, etc. Mais aucune de ces villes ne réussit aussi bien qu'Alençon. — Dès 1650, une femme de cette ville, nommée Laperrière, avait trouvé le moyen d'imiter le point de Venise. Devenue très habile en ce genre d'ouvrage, elle vendait ses travaux un prix élevé et ne suffisait pas seule à confectionner les commandes qu'elle recevait. Elle se fit aider d'un certain nombre de petites filles auxquelles elle enseignait le point que l'on nommait *velin* à Alençon, à cause de l'emploi des parchemins faits en peau de veau, comme nous l'avons expliqué déjà pour le point de Venise.

Peu à peu, cette industrie du velin s'étendit à Alençon et dans les environs; comme on y trouvait grand profit, chacun voulut en essayer. Des enfants de sept ans y gagnaient leur vie et il n'était pas jusqu'aux vieillards qui ne s'y employassent. En 1665, plus de huit mille personnes travaillaient la dentelle à Alençon et dans ses environs. Alençon se trouvait donc admirablement préparé pour recevoir la manufacture de dentelles qui devait rivaliser avec les établissements similaires étrangers et telle que le génie de Colbert la rêvait en vue de la prospérité de la patrie, car il voulait surtout ramener en France les millions qui s'en allaient à l'étranger. Ce projet fut assez mal accueilli par la population des fabricants, marchands et dentellières d'Alençon et des régions environnantes qui se voyaient tous lésés dans leurs intérêts et atteints dans leur liberté commerciale par le privilège exclusif accordé pour dix années à une grande compagnie, dont les principaux actionnaires étaient Pluymers, Talon, Beaufort, etc. Celle-ci reçut une subvention de 36,000 livres pour parer aux frais d'organisation et à la création de modèles nouveaux. Son bureau général et ses magasins furent installés à Paris dans l'hôtel de Beaufort. Elle devait établir des manufactures dans toutes les villes citées plus haut et les produits obtenus devaient tous porter le nom de *point de France*, ce qui ne se réalisa pas, heureusement pour la clarté de la classification des variétés; cependant, le nom de *point* fut adopté pour toutes les dentelles à l'aiguille.

A Alençon, l'agitation et les rumeurs ne se calmèrent que lorsqu'un engagement fut contracté par le directeur de la nouvelle manufacture, envers les marchands et les fabricantes principales stipulant que, aussitôt que deux cents ouvrières capables de faire les nouveaux points seraient trouvées, toutes les autres seraient autori-

(A)

(B)

(A) Volant en point d'Alençon avec semé de feuilles dans le tulle. — (B) Grand volant en point d'Alençon. (*Collection de M. Léon LERÉ.*)

sées à refaire leur ancien vélin en se conformant cependant à un règlement qui leur fut imposé. Cet accord conclu, la manufacture d'Alençon put fonctionner. Elle subit encore à diverses reprises l'effet des révoltes des ouvrières dentellières qui opposaient une vive résistance à la formation définitive de l'établissement.

La dame Catherine de Marcq, fut nommée préposée à la direction générale de toutes les manufactures de point de France. Les dames Raffy et Fillesac, furent chargées de la fabrication à Alençon, sous l'administration de Jacques Provost. Le point d'Alençon se travailla aussi sous la direction de Mme Gilbert, au château de Lonray, propriété de la famille Colbert.

Une vingtaine d'ouvrières vénitiennes furent amenées à Alençon on y en amena aussi des Flandres pour donner un enseignemen, aux ouvrières de la manufacture que l'on venait de créer. Elles furent d'abord malmenées par la population et on eut grand'peine à les faire accepter comme maîtresses aux ouvrières. La différence entre le vélin d'Alençon à dessins géométriques fabriqués au début, et celui qui fut exécuté par Mme Laperrière sur sa propre initiative avant 1665, et ensuite à l'établissement de la manufacture d'après les dessins italiens, marque une véritable période différente d'un caractère bien tranché. Ce caractère s'accentuera davantage à mesure que l'influence des dessinateurs de la cour de Louis XIV se fera sentir et que la dentellière ajoutera d'elle-même une surabondance de détails ravissants à son travail.

Pour donner plus de fermeté aux contours, on les festonnera sur un crin de cheval, première amélioration qui, du point de France, sera introduite dans le point d'Alençon et lui donnera cette netteté supérieure à toutes les autres dentelles. Louis XIV était fier de l'établissement des manufactures royales de dentelle; et la protection du souverain fit la fortune de l'entreprise. Le point de France fut adopté à la cour; à tous ceux qui faisaient partie de la maison du Roi, il fut prescrit de ne porter que des dentelles fabriquées dans les manufactures royales. Les cours étrangères suivirent cette mode absolue. Le point de France avait supplanté le point de Venise.

Le privilège accordé en 1665 expira en 1675, ce fut alors un entraînement extraordinaire de tous les fabricants, dessinateurs, marchands, ouvrières, et la consommation des dentelles en France devint considérable. Durant le xvii⁰ siècle on porta du point de France à profusion. Les vêtements sacerdotaux, les ornements du culte en étaient garnis. Les personnes pieuses offraient à leurs paroisses des tours de chaire, des aubes, des nappes d'autel bordées de cette même dentelle.

Les draps, les taies en toile de Hollande, étaient garnis de point de France. Les tables de toilette, les tours de lit et les couvre-pieds s'embellissaient du même point.

Les jupes, corsets, tabliers, souliers, gants, bottes et éventails étaient encore garnis de ce point. Les cols, les manchettes et les cravates faites de mousseline avec jabots tombants étaient encadrés de point de France.

En 1679, le roi donna une fête à un nombre restreint d'invités, à Marly; les dames qui y furent priées, trouvèrent chacune, dans leur cabinet de toilette, une garniture de robe en point de France, offerte par le souverain galant.

Vers 1680, parut la mode des Fontanges (coiffure en dentelle et en ruban), qui eut la plus grande vogue.

A la fin du xvii⁰ siècle on porta de longues cravates de dentelles nouées négligemment que l'on nommait des *Steinkerque*.

On portait également des « engageantes » en point de France, mode charmante qui nous revient périodiquement pour les manches courtes, mais que l'on garnit, de nos jours, de plus modestes dentelles.

Les linges servant au bain se garnissaient même de point de France : les peignoirs, manteaux, tours de baignoire étaient des merveilles d'élégance d'un prix fort élevé. Enfin, pour terminer et donner une idée de la vogue extravagante du point de France, nous dirons qu'on habillait de grandes poupées que l'on montrait à la cour après chaque invention nouvelle pour la toilette ; ces poupées étaient couvertes des plus beaux points de France, elles étaient, après avoir été vues à la cour de France, envoyées à Vienne, en Angleterre et en Italie où elles allaient importer le goût français. L'usage de ces poupées, qui répandaient la mode de Paris en pays étranger, parait être fort ancien; Henri IV le mentionnait en 1600, dans une lettre qu'il écrivait à Marie de Médicis.

A son début, le point de France inaugura un fond de grandes

Fig. 112. — Point de France, dix-septième siècle. (Collection de M. Lescure.)

mailles régulières à picots, puis, ces mailles se firent progressivement de plus en plus petites, et ne pouvaient plus recevoir cette ornementation. Ce fut l'acheminement vers les dentelles célèbres qui ont constitué la spécialité d'Alençon en élevant si haut sa renommée.

La dentelle d'Alençon est vraiment la reine des parures et son prix élevé en fait la parure des reines; elle a gardé, de son origine, la fière élégance du contour et la netteté du relief. L'emploi du crin lui donne la précision du dessin ; au début, avec les compositions de Lebrun, elle prit les rinceaux de la Renaissance italienne qui se sont, pour elle, ajourés, amincis et allégés.

C'est au commencement du XVIIIe siècle, vers 1717, que son fond à brides disparaît pour faire place au léger et moelleux réseau, à mailles hexagonales, qui perpétuera le caractère principal du point d'Alençon (Voir la planche hors texte page 145, B). Dès lors, son aspect n'est plus comme autrefois l'expression de formes conventionnelles, il reproduit les aspects de la flore moderne avec une rare perfection. On est arrivé à lui donner des effets ombrés auxquels nous préférions son ancien caractère, les effets de plans divers le rapprochant trop sensiblement du point gaze, qui s'en est inspiré.

Sous Louis XVI, la mode de porter des dentelles légères, froncées en volants et en garnitures superposées, nuisit à la beauté du point d'Alençon. Les dessins furent amaigris ou bien transformés en semés qui couvraient presque toute la dentelle en ne lui conservant qu'une bordure, un peu maigre, de jolies fleurettes, d'un aspect peu artistique (Voir la planche hors texte page 145, A). On fit, en ce temps-là, beaucoup de dentelles d'Alençon à petits semés de pois ou de grains de café. La Révolution apporta un arrêt complet dans le travail à Alençon et, pendant cinquante ans, on n'y fit plus de dentelle, beaucoup de vieilles traditions de fabrication se perdirent à cette époque.

En 1811, Napoléon Ier visita Alençon ; il voulait remettre la dentelle en faveur, il essaya d'en imposer la mode à la cour, pour les grandes réceptions, comme sous Louis XIV, mais les guerres de son règne entravant le commerce des objets de luxe devaient être funestes à la fabrication de la dentelle ; ce ne fut que plus tard, avec une accalmie politique, qu'Alençon vit renaître sa prospérité. Dans toutes les expositions, on a pu admirer ses merveilleux échantillons des diverses époques. On a pu étudier particulièrement, en 1904, à l'Exposition de la dentelle du musée Galliera, les plus beaux spécimens de sa production en ces dernières années.

L'application de l'article 2 de la loi du 5 juillet 1903, qui décrète l'apprentissage de la dentelle dans les écoles de filles et la création d'ateliers ou de cours de perfectionnement dans les régions intéressées, aidera à lutter contre la concurrence étrangère, en accordant l'appui nécessaire à l'enseignement de la plus belle dentelle à l'aiguille de notre pays. Il existe une école dentellière à Alençon.

L'Alençon est celle de nos dentelles dont la faveur persiste dans les hautes couches sociales, chez lesquelles elle perpétue le gracieux luxe du monde raffiné qui le conçut et l'imprégna de son charme séducteur ; sa facture fine, simple et élégante atteint l'idéal artistique dans le genre. Le machinisme égalitaire, impuissant à lui ravir sa suprême beauté, a haussé son prestige et consacré sa valeur. Elle convient par excellence, à embellir la corbeille de mariage sous forme d'éventails, de mouchoirs, de berthes, de volants. Les voiles de mariées en point d'Alençon resteront longtemps avec les bijoux et les pierreries, les parures les plus riches et les plus distinguées qu'on puisse offrir aux jeunes fiancées favorisées par la fortune.

Dessin spécial du point de France et du point d'Alençon. — Le dessin du point de France gagne beaucoup à être composé d'après les œuvres des maîtres anciens ; les reproductions cherchées dans les motifs de la Renaissance italienne sont toujours d'un heureux effet pour les dessins destinés aux points de France ; les draperies légères, les lambrequins, les architectures finement détaillées, les personnages mêlés aux rinceaux et aux enroulements délicats, permettant l'emploi et la variété des fonds et des points à jour nombreux, il y a là un vaste champ ouvert à l'imagination créatrice du dessinateur chargé de composer un morceau de point de France.

Le style moderne ou l'inspiration de fantaisie ne saurait être éloignée systématiquement, mais nous estimons que le premier genre est toujours le meilleur comme caractère spécial et comme effet final.

Pour le point d'Alençon, au contraire, la composition qui se rapprochera davantage de la nature sera la plus heureuse : fines branches de fougère, feuillages légers, larges fleurs épanouies, rinceaux finement dégagés, ici, la fantaisie est permise et le champ de la composition s'élargit encore, par la possibilité de faire courir sur le fond mi-transparent du réseau d'Alençon les ornementations mates les plus variées, serties en relief par le crin de la *brode*, d'un effet si agréable à côté des creux de l'affiquage.

Nous conseillons de ne pas essayer la représentation de personnages, ayant la prétention du modelé de la nature, dans le dessin du point d'Alençon, cela est d'un goût équivoque et d'un effet commun. La représentation de la figure humaine en dentelle, peut être jolie, à condition d'être comprise (dans certains cas seulement), comme un effet au pochoir, c'est-à-dire en mat plat, sans recherche des ombres et des clairs. La nature nous fournit d'assez nombreux sujets pour qu'il ne soit pas nécessaire d'employer ceux que l'expérience commande d'éviter. Les fleurettes, les guirlandes, les rubans enroulés, les claires rivières de points sont d'un bon effet plus certain.

Matériaux employés pour l'exécution du point de France et du point d'Alençon. — On employait et on emploie encore, pour l'exécution du point de France et du point d'Alençon, du parchemin vert, pour dessiner la dentelle, cependant le papier noir ou la toile cirée sont plus généralement en usage aujourd'hui. Il est indispensable de se munir de toile forte ou de solide cotonnade pour doubler le parchemin ou le papier dessiné.

Du fil très fin et de bonnes aiguilles sont nécessaires pour la fabrication du point de France comme pour celle du point d'Alençon.

Exécution du point de France et du point d'Alençon. — Au commencement du travail, l'exécution du point de France est à peu près la même que celle du point de Venise : la première opération est le piquage du dessin, la deuxième est la pose du fil de trace. Ces deux opérations ont été expliquées à la leçon du point de Venise. — Après le piquage et la pose du fil de trace, on fait toute la portion mate du dessin à exécuter en point d'entoilage ; travail également décrit à la leçon du point de Venise. — Au début, on a donné le nom de *fond* au travail de l'entoilage du point de France, ce qui semble une anomalie, car, en réalité, le dessin d'une dentelle ne devrait pas se nommer *fond* ; cette appellation aurait dû être réservée à la partie que l'on a dénommée réseau. On peut expliquer cette erreur par le fait que les anciens points de Venise, étant composés de rinceaux et de motifs couvrant presque tout l'ensemble et ne comportant presque pas de brides, le dessin au point d'entoilage était bien réellement un *fond*, nom qui lui a été conservé par la suite, même lorsque le dessin fut exécuté avec brides ou sur réseau. — Dans le point de France, de même que dans le point de Venise, on réserve des petits jours dans le point de fond ou entoilage.

Après l'emploi du point de *fond* ou d'entoilage vient le *rempli* : le rempli se fait d'après le même principe que le point d'entoilage,

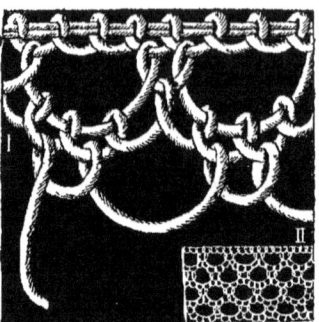

Fig. 113. — Point mignon. I. Exécution très grossie. — II. Exécution grandeur ordinaire.

sauf qu'on tourne deux fois le fil en travaillant pour obtenir un effet clair (voir la 13me leçon, Autrefois, le fond ou entoilage et le rempli ne constituaient pas deux opérations distinctes, les mêmes ouvrières à Alençon exécutaient l'un et l'autre, puis dans les campagnes, les femmes très routinières, qui avaient vu faire le fond ou entoilage, continuèrent ce travail sans chercher à apprendre autre chose et ainsi s'établit l'usage que, dans certaines communes des environs d'Alençon, on ne faisait uniquement que le point de *fond* du point de France, tandis que dans d'autres localités on faisait les autres points.

Le rempli comporte plusieurs genres, certains fabricants les désignent sous les noms de *gaze serrée ordinaire* et *gaze claire*. Ces deux points servent à ombrer les feuilles et les fleurs et ne diffèrent que parce qu'ils sont exécutés plus ou moins serrés. — Puis viennent les appellations, *gaze quadrillée*, **point mignon** (pour ce dernier, voir la figure 113) et *points à trous*. Points également en usage dans les guipures de Venise ; dans le point de France, ils sont seulement exécutés avec du fil plus fin.

Dans le point de France, les dessins se détachent sur des brides à picots que l'on nommait autrefois *brides à nez*, *brides à écailles* ou *brides du point de France* (voir le fond de la figure 112). Ces trois dénominations désignent, au résumé, les mêmes brides à picots

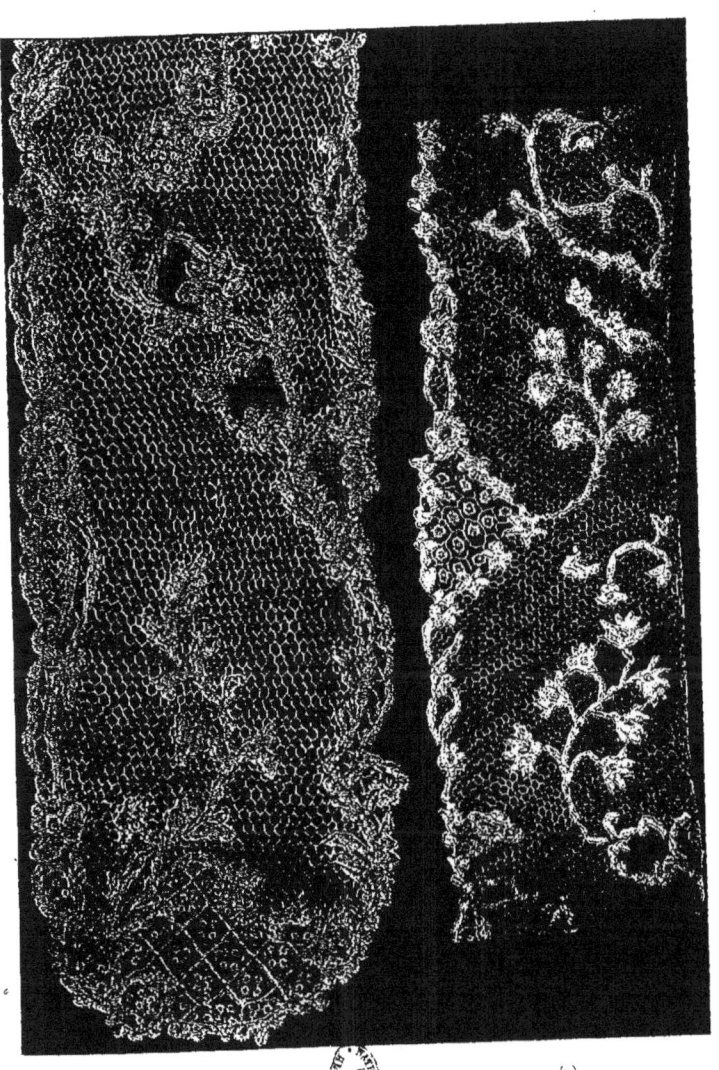

(A) Barbe en point d'Argentan. — (B) Volant en point d'Argentan avec jour Argentella.
(*Collection de M. Léon LERÉ.*)

LE POINT DE FRANCE ET LE POINT D'ALENÇON

elles sont le caractère distinctif du point de France et forment les mailles d'un réseau ; on leur a donné le nom de *champ* à l'époque où on a baptisé le point d'entoilage, *fond*. En réalité, le champ devrait porter le nom de *brides de réseau*, cela serait plus rationnel, mais nous sommes obligés de conserver, pour les professionnels, leurs anciennes appellations aux divers points et de les expliquer de la façon la moins confuse possible.

En général, *le champ* se faisait après le fond dans le point de France. Cependant, on a retrouvé des travaux en cours d'exécution, datant du xviie siècle, où les brides du champ étaient faites avant le fond ou entoilage. En réalité, on peut exécuter le travail, sans inconvénient d'une façon ou de l'autre. A l'origine, les brides du point de France étaient irrégulières, elles étaient faites au jugé et n'affectaient pas une forme hexagonale nettement déterminée. Ce fut vers la fin du xviie siècle que les brides à picots prirent cette forme hexagonale régulièrement géométrique parce que, à ce moment, on adopta le système de dessiner les brides sur le parchemin, ce qui permettait à l'ouvrière de faire un travail plus exact et qui devint parfait quand l'habitude d'imprimer la forme de la maille sur parchemin se généralisa à la fin du règne de Louis XIV.

La bride à picots se fait par couchage oblique et croisé des fils qui sont recouverts de points de boutonnière à picots.

Vers 1839, on avait essayé de se servir de tulle mécanique recouvert de points de feston ou de points tortillés, pour éviter le couchage des fils. Cet essai ne fut pas heureux. En somme, le point de France comporte surtout des effets de fond ou entoilage et divers points de rempli sertis

FIG. 114. — Petit réseau du point d'Alençon, un peu agrandi.

d'un point de feston. Le point de France a toujours un fonds de brides à picots, c'est là, nous le répétons, son signe caractéristique.

Exécution du point d'Alençon. — Le point d'Alençon s'exécute toujours avec le fil le plus fin. On s'est servi aussi de coton pour fabriquer le point d'Alençon, mais on lui a toujours préféré le fil de lin. Ce point fut exécuté sur champ de brides bouclées jusque vers l'an 1700, époque à laquelle le goût des dentelles légères commençant à devenir à la mode, fit rechercher un travail plus délicat. La connaissance du réseau fut apportée des Pays-Bas, en France, vers 1690. Vers 1705, ce travail était en usage à Alençon, où il portait le nom de point plat. En 1717, il y était à l'apogée de sa fabrication et prit le nom de réseau, qu'on lui a conservé depuis.

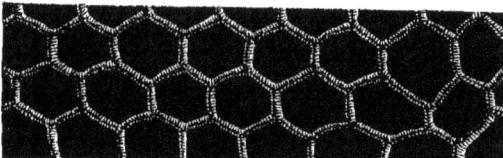

Fig. 115. — Bride bouclée du point d'Alençon; grossie au microscope.

La *bride bouclée* du point d'Alençon est de forme hexagonale très régulière, elle se fait par le couchage des fils placés obliquement et recouverts de points de feston (nommés aussi points bouclés) d'où est venu le nom de bride bouclée (fig. 115).

Le fil avec lequel se travaille le point d'Alençon étant d'une extrême finesse, il y a, sur chaque côté de l'hexagone de la bride, vingt points de feston environ. La maille bouclée n'a pas de picot (1).

Le point d'Alençon sur réseau s'exécute par morceaux détachés qui sont ensuite réunis les uns aux autres. Pour scinder le travail, on s'applique à le diviser dans les parties où des branches de fleurs ou des ornements permettront d'opérer facilement le raccord des morceaux sans que les jonctions soient visibles. Des ouvrières habiles font cet ajustage d'une façon si parfaite qu'il est impossible de découvrir l'endroit où les différents morceaux se rejoignent.

La fabrication du point d'Alençon comporte toute une série d'opérations dont plusieurs sont les mêmes qu'on retrouve dans le point de Venise et dans le point de France. Ce sont : Le piquage du dessin ;

(1) La bride bouclée a environ deux millimètres de large en grandeur naturelle.

La pose du fil de trace;

L'exécution du réseau;

L'exécution du fond ou entoilage, du rempli, puis celle des modes et des brodes, enfin l'enlevage ou éboutage, le régalage, l'assemblage, l'affi-

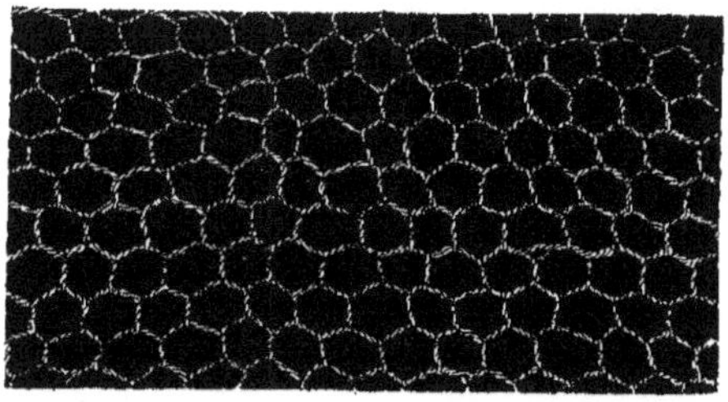

Fig. 116. — Réseau du point d'Alençon grossi au microscope.
(Voir la figure 117 pour la grandeur ordinaire).

quage et la couture de l'engrelure.

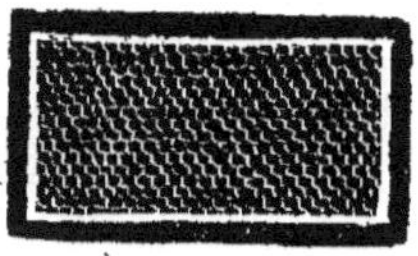

Nous ne reviendrons pas sur les deux premières opérations qui ne diffèrent de celles du point de France que par l'emploi d'un fil plus fin.

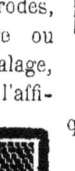

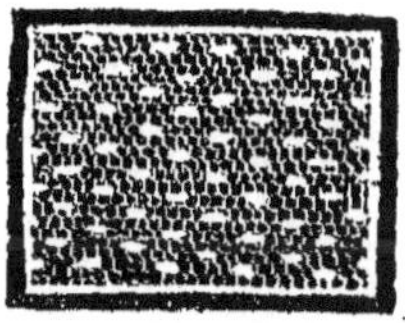

Fig. 117. — Réseau ordinaire du point d'Alençon.

Le *réseau*, caractère du point d'Alençon, demande à être décrit spécialement à cause de son importance.

Le réseau se fait dans le sens horizontal, en partant du pied de la dentelle, le fil est attaché à la trace des fleurs ou des feuilles. On fait un rang de points de feston espacés, on revient en passant son aiguille trois fois dans chaque maille et on recommence. Il y a plusieurs sortes de réseaux :

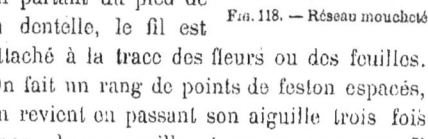

Fig. 118. — Réseau moucheté.

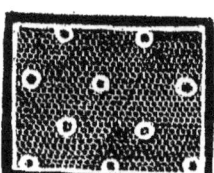

Fig. 119. Réseau avec bobine.

Le réseau ordinaire, fig. 117;

Le petit réseau, qui est le même que le réseau ordinaire exécuté plus fin, fig. 114;

Le réseau moucheté, fig. 118;

Le réseau avec bobine, fig. 119.

Le grand réseau qui n'est autre chose que le réseau ordinaire dans des pro-

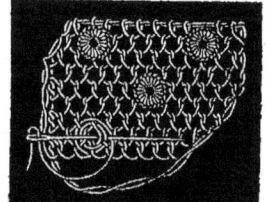

Fig. 120. — Manière d'exécuter les *bobines* (très agrandie).

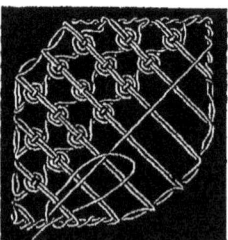

Fig. 121. — Manière de coucher les fils pour exécuter les modes en points tortillés (très agrandie).

portions différentes. Le fond ou entoilage et le rempli s'exécutent comme dans le point de France.

Les *modes* sont des points à jour qui sont les plus variés de la fabrication et déterminent la valeur des dentelles d'Alençon ; car on considère que plus une dentelle comporte de modes différentes, plus elle a de prix. Chaque ouvrière (modeuse) peut varier à l'infini les combinaisons des points qui lui donneront des effets de richesse selon l'aspect plus ou moins luxueux qu'elle veut impliquer à son ouvrage ; il faut, pour posséder cette maîtrise, en outre de l'habileté de main, avoir un esprit inventif et amateur de recherches.

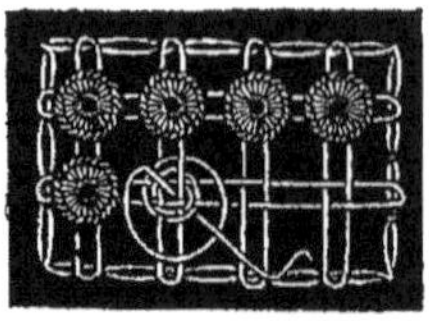

Fig. 122. — Manière de coucher les fils pour exécuter les modes en points festonnés (très agrandie).

Fig. 123. — Mouches à bobines.

Les modes s'exécutent en jetant des fils de bâti et en les recouvrant de points tortillés ou de points de feston avec ou sans picot. Dans quelques modes, on introduit un crin pour leur donner plus de fermeté.

Fig. 124. — Modes festonée en carré.

Les modes n'étaient pas inventées sous Louis XIV ; elles sont devenues d'un usage courant, depuis l'invention du réseau dont

Fig. 125. — O, nez en queue. — Rateaux. — O, en chatnette. — O, boules en queue. Mouches. — Rangs blancs. — X en chatnettes. — Saint-Esprit, etc., etc.

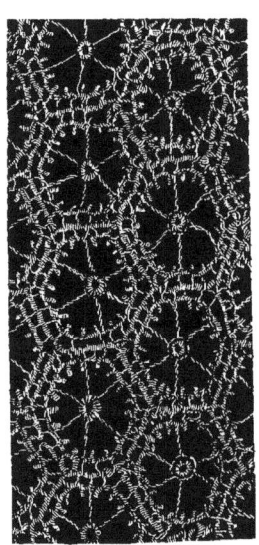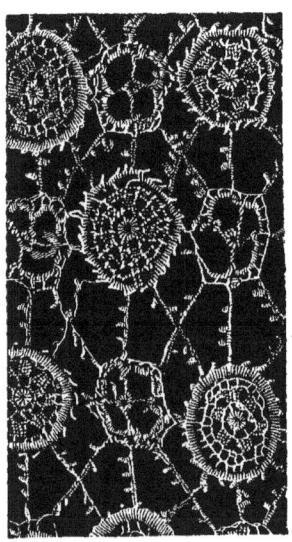

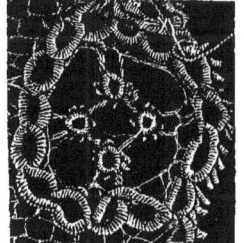

Fig. 126. — Modes très agrandies au microscope. (On retrouvera ces modes employées dans le point d'Alençon et dans le point d'Argentan, pages 145 et 155 (hors texte.)

l'uniformité appela l'introduction d'effets ajourés en bordures ou en rivières dans les volants ou dans les grandes pièces.

Nous donnons ci-contre une série de dessins de modes, considérablement grossies, dont l'examen facilitera la compréhension de l'exécution, la figure du point agrandi pouvant être comparée avec le point grosseur naturelle des dentelles photographiées. Ces modes sont désignées par des noms étranges connus plutôt des ouvrières ; à titre de curiosité, nous mettons ces noms en dessous des agrandissements, au cas où il serait utile aux dessinateurs ou aux brodeuses de les connaître, quoique ces dénominations diffèrent certainement selon les régions.

La brode a pour but de sertir les dessins ; autrefois elle se faisait au feston sur un crin, maintenant on emploie tout simplement un fil fort ; quand elle est au bord de la dentelle, elle prend le nom de dentelure et s'orne de picots. Elle comporte quelquefois aussi des picots dans le sertissage des fleurs, des feuillages ou des ornements.

Il faut avoir la main très ferme pour faire une *brode* régulière : on attache à sa ceinture un fil dit *conducteur* et un autre fil à la trace, on fait trois points de feston sur le fil conducteur, puis on plante son aiguille dans la trace en faisant le quatrième point de feston, on continue en procédant toujours de la même manière, en suivant les contours du dessin ainsi que les nervures des feuilles et les tiges. C'est seulement vers 1690 qu'on a employé la brode contournant complètement les fleurs et les ornements du point d'Alençon.

Il est aisé de comprendre que c'est sur l'ouvrière qui fait la brode que repose tout le fini du travail ; à notre avis, cette ouvrière devrait avoir des notions de dessin, car son travail final doit rectifier toutes les erreurs que les autres ouvrières ont pu faire en dénaturant les formes de la composition.

Lorsque la brode est terminée, on enlève le morceau de dentelle de dessus le parchemin sur lequel elle a été exécutée, on coupe les fils de la trace, entre le parchemin et la toile sur laquelle il était posé, avec de très petites pinces on enlève tous les fils de bâti qui restent attachés au morceau de dentelle, c'est l'opération nommée *éboutage*. Ce morceau est alors prêt pour l'opération du *régalage* qui consiste à examiner très soigneusement le travail et à raccommoder les parties qui ont pu être abîmées à l'enlevage ou à l'éboutage, avant de passer à l'assemblage. L'*assembleuse* a pour mission de réunir tous les morceaux faits par les différentes ouvrières, elle doit être habile, car il faut qu'elle connaisse tous les points : pour la partie du réseau elle refait les mailles et pour les fleurs ou les ornements elle raccorde les dessins.

Il reste encore l'affiquage qui se faisait avec une patte de homard ou une dent de loup, pour donner au dessin le creux et l'aspect qu'il doit avoir. Aujourd'hui, on se sert d'un petit instrument en acier. Puis on coud l'engrelure qui est toujours faite à part, et le point d'Alençon est terminé.

Nous pensons que de nos jours les ouvrières doivent savoir faire leur dentelle de toutes pièces et qu'il n'est pas nécessaire pour bien faire un point de ne connaître que celui-là. Actuellement, la division du travail, *quant aux sortes de points différents*, ne paraît plus devoir s'imposer ; tous les points de dentelle sont basés sur un même principe ; si l'ouvrière exécute bien un point, elle peut, en s'appliquant, les apprendre tous.

Devoir du dessinateur

Un volant de 30 centimètres de haut en point de France. Un éventail en point d'Alençon sur fond de réseau.

Devoir de la dentellière

S'exercer à faire des morceaux de fond, de rempli et de brides. Exécuter une dentelle de 15 centimètres en point de France. S'exercer à faire un dessus de pelote de 6 centimètres de côté en point d'Alençon.

QUINZIÈME LEÇON

Le point d'Argentan. Le point Argentella. Le point de Sedan.

(Voir la planche hors texte page 155.)

Les points à l'aiguille se faisaient dans tout le département de l'Orne, longtemps avant l'établissement de la manufacture royale ; les ouvrières y travaillaient sous la direction des marchands merciers et passementiers qui empruntaient leurs dessins aux albums de Vinciolo et de Taglinti. La *cartisane* et le *crin* s'assouplissaient sous la pression du fil de métal (nommé canetille) de la soie ou du coton. Dès 1600, des essais de points avaient répandu l'idée, qui n'attendait pour éclore que l'importation de modèles et de procédés nouveaux. Après 1665, le pays d'Alençon surchargé de commandes ne tarda pas à déverser son trop plein sur les régions environnantes, déjà préparées à ce genre d'ouvrages.

Le système de fabrication reposait sur la division du travail encore usitée partout aujourd'hui. La préparation générale se faisait à Alençon et la distribution de l'ouvrage s'opérait dans les environs. Argentan a commencé par l'exécution des morceaux qu'on lui confiait et s'assimila rapidement les progrès accomplis chez sa voisine. C'étaient d'abord les mêmes points et les mêmes dessins, mais bientôt de nouvelles formes sont venues accuser des différences d'interprétation, qui ont déterminé l'appellation spéciale du genre *Argentan*.

Tandis qu'à Alençon le réseau resserrait l'écart de ses mailles et restreignait ses dessins aux effets mignons recherchés, Argentan agrandissait son réseau et développait la somptuosité de ses formes. L'adoption du point de bride (point de boutonnière), pour la majeure partie de ses productions et l'élargissement démesuré de son réseau ont constitué les particularités principales du point d'Argentan. Ces dissemblances étaient trop insignifiantes, pour maintenir sa réputation à côté des variétés séduisantes du point d'Alençon ; durant la période de concurrence outrancière qui marqua la fin du privilège de la Grande Compagnie, le point d'Argentan périclita et faillit disparaître après la révocation de l'édit de Nantes, qui provoqua l'émigration en Hollande d'un tiers de la population huguenote de ce pays.

Vers 1708, Mathieu Guyard, marchand mercier à Paris et Montulay dessinateur, s'associèrent en vue de remonter la fabrication du point d'Argentan ; leur association n'a pas duré longtemps et ils ont continué séparément leur industrie. En 1738, une troisième fabrique de ce point s'est installée sous la direction de Thomas Duponchel ; à partir de cette époque, le caractère du point d'Argentan s'est accusé plus nettement par sa bride à réseau, tortillée simplement au lieu d'être travaillée au point de feston comme celle du point d'Alençon. Cette simplification, apportée à l'exécution des grandes mailles, avait le mérite de rendre le travail plus rapide et plus économique ; son prix relativement inférieur lui valut une grande vogue vers le milieu du XVIIIe siècle. Cette dentelle propagea la faveur des ouvrages à grands réseaux auxquels on a conservé définitivement le nom de point d'Argentan. A cette époque, on avait créé une série de points composés, qui, habilement employés et mariés avec le petit et le grand réseau, mettaient en valeur les contours vigoureux des dessins ; par leur richesse, ils portèrent l'Argentan au rang des plus jolies dentelles à l'aiguille (voir la planche hors texte page 125).

Certains jours, qui sous le nom de modes, avaient été introduits progressivement dans le point d'Alençon et dans le point d'Argentan, ont été employés parfois comme fonds pleins de la même dentelle.

Il est un de ces points ravissants qui rappelle le damassé à dessin œil-de-perdrix, c'est le point Argentella (que l'on faisait aussi à Abbissola en Italie). Du nom du point Argentella est né celui de la dentelle de même dénomination ; on la désigne aussi par le nom de *fond diamant* ou fond diamanté. — Dans cette dentelle, les rinceaux et les fleurs s'enlacent pour former des médaillons fermés, dans lesquels il est possible d'introduire le fond Argentella, ainsi que des rivières qui viennent mettre agréablement en valeur son aspect particulier. Employé comme jour accessoire, ce point vint augmenter ceux existant, et comme fond principal, il offrait l'illusion d'un genre nouveau d'une originalité attrayante.

Le luxe des dentelles fut inouï au xviiie siècle; des ouvrages du temps relatent que certaines dames de la cour avaient des garnitures de lit en dentelle, à l'aiguille, qui atteignaient le prix de quarante mille francs; la solidité du point d'Argentan le faisait souvent employer à cet usage.

Parmi les régions où l'art des passements avait captivé les femmes,

Fig. 127. — Dentelle argentella (fragment d'une barbe).

les intendants de Colbert signalèrent Sedan. La proximité de cette localité de la Belgique et de la Flandre, sa situation au milieu d'une population de filateurs et de tisseurs, l'habileté de ses brodeuses la désignaient à l'établissement d'une manufacture royale que Colbert y fonda en 1666. On ne lui offrit pas d'ouvrières vénitiennes pour professer, ainsi qu'on l'avait fait à Alençon; ce fut probablement la cause de la différence des travaux qui la signalèrent à l'attention publique.

Les genres créés à Sedan participent pleinement de ceux qui s'exécutaient dans les Flandres, les relations de ces contrées entre elles ont nivelé les mœurs, les idées, les goûts et les passions dans un même courant qui s'est traduit par l'analogie des productions.

La dentelle de Sedan était fabriquée avec les fils préparés à Sedan même, ces fils étaient réputés très fins et très beaux, avec raison, on peut s'en rendre compte en examinant les vieux points de Sedan qui sont d'une finesse tellement grande, qu'ils sont aussi légers que du papier de soie (fig. 128.)

Les travaux faits à Sedan eurent un succès mérité. Les points de Sedan sont d'un dessin large et d'une belle ampleur de composition, souvent ils sont garnis de réserves avec brides. Une des particularités du point de Sedan, seconde manière, consiste en des ornements qui ne sont pas festonnés tout autour, mais des reliefs très bourrés se terminant en pointe comme des bigoudis, viennent accentuer et relever d'effets en vigueur les parties du dessin qui doivent être mises en valeur; c'est d'un ensemble très inattendu fort heureux. — Il existe des points de Sedan très anciens qui ne sont pas ornés de ces beaux reliefs. Le dessin des dentelles de la manufacture de Sedan n'a pas gardé longtemps l'aspect large et riche du début, ses formes ont pris assez vite le genre d'ornementation rocaille. C'est alors que la manufacture de Sedan vit peu à peu sa clientèle se réduire. Elle fut fermée à la Révolution pour ne plus se rouvrir et la dentelle de Sedan émigra dans les Flandres pour s'y confondre avec tout ce qui s'y fabriquait à cette époque. — La Belgique a gardé les traditions de cette fabrication.

Le point de Sedan était une dentelle très chère, les plus beaux rochets des prêtres en étaient garnis et on en vendait une grande quantité à l'étranger.

Reims était la ville natale de Colbert, son père y était marchand drapier. Il était donc naturel qu'il désirât y établir une manufacture de dentelles. La résistance contre l'édit royal de 1665 y fut moins longue qu'à Alençon, mais elle n'en fut pas moins violente. La manufacture de Reims à grand'peine organisée, comptait six Vénitiennes et vingt-deux Flamandes pour y enseigner la dentelle aux femmes du pays. — Les ouvrages qu'on y faisait étaient très blancs, ce qui était attribué à la pureté de l'air de la contrée.

Les dames chargées de surveiller les ouvrières étaient : la tante de Colbert, la présidente Mesvilliers-Colbert et Marie Colbert, sœur du ministre, religieuse au couvent de Sainte-Claire de Reims. — Sans doute, les essais tentés à Reims ne répondirent pas à l'attente qu'on

Fig. 128. — Dentelle de Sedan ancienne, agrandie. (Collection de M. Lescure.)

avait conçue, car on ne parle plus des dentelles qui furent exécutées dans cette ville. On ne parle pas davantage des travaux faits à Auxerre. La volonté de Colbert, pourtant, eût été d'y installer une des manufactures de dentelles les plus importantes ; il échoua néanmoins dans ce projet, après avoir lutté pendant plus de quinze ans contre le mauvais vouloir du maire et des échevins. — Une volumineuse correspondance concernant la manufacture de point de France établie à Auxerre donne connaissance des luttes subies pour l'y imposer et qui se terminèrent par un insuccès.

Colbert établit également à Aurillac une manufacture de point de France, laquelle comptait jusqu'à six mille ouvrières. Cette manufacture a périclité lorsque la mode des points cessa d'être en honneur à la cour de France et par suite à l'étranger. — On conservait au Puy un bas d'aube à fond de brides picotées avec brodes en relief d'un dessin très élégant et d'un travail très soigné que l'on disait avoir été fabriqué à la manufacture royale de point de France d'Aurillac.

A Montargis, à la Flèche, au Mans, à Bourges, à Issoudun, à Sens, on avait établi des manufactures qui n'ont réussi que peu ou pas et dont on a à peine gardé le souvenir.

Dessin du point d'Argentan. — Le dessin du point d'Argentan doit toujours être combiné par le dessinateur pour donner la possibilité d'employer plusieurs mailles (dont celles du fond très ouvertes) et des modes variées. De belles fleurs devront courir sur les bords et se profiler sur la maille du réseau en rinceaux inclinés qui fourniront des réserves pour loger des mailles fines et des points à jour. — Le bord comporte des picots. Le point d'Argentan se prête admirablement aux combinaisons de l'art moderne.

Dessin du point Argentella. — Ce point est une véritable ressource pour le dessinateur, son effet est précieux. On doit combiner simplement l'arrangement des ornements et des fleurs pour que rien de délicat ne vienne se détacher sur le fond Argentella. La grosseur de son aspect, qui est, nous l'avons dit, celui de l'œil de perdrix, ne tolère l'emploi d'aucun branchage léger, non plus que de rinceaux délicats dans les parties où on en fait généralement usage. Il faut cerner les bords du fond Argentella par des ornements aux lignes plutôt droites ou par de grosses fleurs ou feuillages. Nous conseillons de faire des réserves ou rivières de points fins, faisant contraste et permettant alors seulement, pour accentuer ce contraste, l'emploi de décorations fines. Les fleurs et ornements doivent être d'un aspect mat dans ce genre de dessin, et il convient d'éviter les effets ombrés trop accentués.

Dessin du point de Sedan. — Le dessin du point de Sedan doit être d'une grande ampleur, de belles fleurs larges, telles que des lis épanouis, des pavots, de gros œillets, des pivoines ou des roses avec de grands feuillages contournés, bien disposés au bord des dentelles et se combinant pour former des réserves destinées à loger des effets de brides à picots.

Matériaux employés pour le point d'Argentan, le point Argentella et le point de Sedan. — Pour ces trois genres de point, c'est du fil que l'on emploie, du fil très fin, surtout pour le point de Sedan. Des aiguilles assorties à la grosseur du fil et comme dans toutes les dentelles à l'aiguille, le parchemin, papier ou toile cirée dessinée que l'on doublera toujours de la même grosse toile.

Exécution du point d'Argentan. — La seule différence d'exécution entre le point d'Argentan et le point d'Alençon réside dans la bride tortillée, caractère distinctif du point d'Argentan; elle se fait par le couchage de fils obliques et croisés. Ces fils sont ensuite recouverts de points tortillés autour de la maille. Le travail est conduit de façon horizontale; pour obtenir qu'il soit plus régulier et mieux tendu, on place une épingle en haut de l'hexagone; dans ce cas, la bride s'appelle bride épinglée. Souvent, on fait un point de feston à chaque angle d'hexagone pour obtenir des angles mieux arrêtés par le fil de recouvrement. En dehors de la bride tortillée, les points qui servent à exécuter le travail du point d'Argentan, sont les mêmes que pour celui du point d'Alençon.

Exécution du point Argentella. — Le point Argentella s'exécute sur un bâti préablement préparé au fil de trace ; ce sont des hexagones réguliers festonnés, dans le milieu desquels on fait une petite partie au point d'entoilage ou au point de rempli. Cette partie mate est reliée au tracé de l'hexagone par des fils tendus. L'effet en est charmant pour un fond d'une certaine importance. Les points qui

LE POINT DE SEDAN

servent pour les fleurs ou pour les jours, sont les mêmes que pour le point d'Alençon et pour le point d'Argentan.

Exécution du point de Sedan. — C'est avec le point d'entoilage qu'on exécute presque entièrement le point de Sedan, le réseau généralement peu important dans cette dentelle qui est très couverte de dessins ; le rempli ajouré y fait aussi très bon effet, en somme, le point de Sedan s'exécute avec tous les mêmes points que le point de France et le point d'Alençon, seulement le fil employé est bien plus fin. Les reliefs brodés qui rehaussent certaines parties des fleurs et des feuillages sont brodés au plumetis bourré, ils sont un des caractères de cette belle dentelle. — On a refait, à Bayeux, tous les points des dentelles à l'aiguille, dont la fabrication avait été abandonnée aux époques de la Révolution.

Devoir du dessinateur

Éventail en point d'Argentan. — Un col en point Argentella. — Un volant de dix centimètres en point de Sedan.

Devoir de la dentellière

Un exercice de parties de volants de 10 centimètres de haut, des trois points qui ont fait le sujet de la leçon.

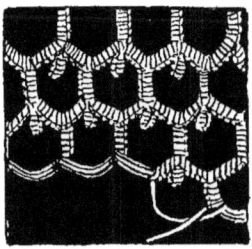

Fig. 129. — Brides à picots relevées sur une dentelle ancienne retrouvée. En cours d'exécution (très grandie).

SEIZIÈME LEÇON

Le point à l'aiguille en Espagne et en Flandre — Le point gaze.

Historique. — Le nom de point d'Espagne éveille dans l'esprit la représentation de ces dentelles d'or ou d'argent, brodées en couleur et qui ont été tellement prisées sous le règne de Louis XIV. On faisait cependant en Espagne des dentelles de fil, et ce pays eut de bonne heure une grande célébrité pour ses points à l'aiguille, dont la fabrication est restée surtout dans les couvents et n'est pas devenue une industrie sérieusement généralisée. Quelques auteurs inclinent à penser que les Espagnols ont reçu des Maures l'enseignement de la dentelle ; quelques autres prétendent, au contraire, que l'Italie initia l'Espagne aux secrets de l'art de la dentelle à l'aiguille. Malgré sa réelle valeur, le point d'Espagne fut relativement peu exporté à l'étranger, et il fut surtout employé sur place pour le culte. En Espagne, il est d'usage d'habiller les statues de la Vierge et des saints des plus riches vêtements. Certaines statues ont une garde-robe si somptueuse qu'elle représente une somme énorme ; cet usage offrait, sur place, un large débouché aux dentelles que l'on fabriquait.

Vers 1492, on faisait déjà des dentelles de fil en Espagne, car divers auteurs font mention d'une aube datant de cette époque et qui était conservée à la cathédrale de Grenade. Le luxe des dentelles obligea Philippe III, en 1623, à proscrire les ornements de point coupé aux hommes et aux femmes. Ce qui n'a pas empêché qu'en 1667 on dut enrayer l'importation des dentelles étrangères en élevant les droits qui étaient de 25 réaux à 250.

Colbert, que l'on retrouve partout lorsqu'il s'agit de la dentelle, couvrit de sa protection le huguenot Simon Châtelain qui avait introduit le point d'Espagne en France. Il n'a pas pu lutter avec les autres points alors en faveur à la cour de France. — En général, l'aspect des guipures d'Espagne est lourd, compact, même massif. Il est travaillé à peu près entièrement au point de toile ou entoilage très épais avec brides picotées.

En 1830, la dispersion des monastères mit au jour d'anciens tra-

Fig. 130. — Point d'Espagne. (Collection de M. Lescure.)

vaux de religieuses qui étaient gardés dans les églises des couvents et dont on n'avait que très peu la connaissance. Ces ouvrages étaient d'une très grande finesse, travaillés par petits morceaux sur parchemin et réunis ensuite pour former un ensemble prévu. Actuellement, le travail de la dentelle à l'aiguille a disparu en Espagne.

En Portugal, des travaux analogues ont été produits en même temps qu'en Espagne ; leur sort a été le même, ils n'ont pu rivaliser avec les points de France dont la faveur franchissait les frontières.

Il existe peu de documents sur les débuts des points à l'aiguille en Flandre. Il paraît probable que l'invention des dentelles à l'aiguille fut importée d'Italie. On y a fait cependant du point coupé et on y a copié le *punto in aere* vénitien. Cesare Vecellio, dans son livre des patrons *la Corona*, a reproduit des dessins d'une très belle dentelle à l'aiguille, à laquelle il donne le nom de point flamand. Les relations commerciales maritimes et terrestres existant entre la Flandre, l'Espagne et l'Italie, expliquent naturellement l'influence italienne subie en Flandre pour les dentelles à l'aiguille. Les ouvrières de Bruges exécutaient au xviie siècle des guipures à l'aiguille d'un aspect plat et dont les rinceaux rappelaient ceux italiens ; elles firent aussi des guipures où les jours à l'aiguille étaient largement répandus dans des ouvrages aux fuseaux. Les Flandres travaillèrent cependant beaucoup plus les dentelles aux fuseaux que les dentelles à l'aiguille jusqu'au xviiie siècle, époque à laquelle on copia à Bruxelles le point d'Alençon. Dans les dentelles que l'on fit à Bruxelles, le contour marquait moins de relief et l'ensemble ne présentait pas la même fermeté que dans le point d'Alençon, mais la supériorité de la qualité des fils de lin employés en Belgique, jointe à leur finesse, a donné la possibilité d'exécuter des dentelles d'une légèreté admirable.

Le vieux point de Flandre à dessins rudimentaires était, à l'origine, exécuté entièrement à l'aiguille, sur fond de réseaux variés, travaillés en même temps que les fleurs et les ornements.

Sous l'impulsion de Venise d'abord, d'Alençon ensuite, les dessins se sont enrichis et la fabrication s'est améliorée. Le commencement du xviiie siècle a été marqué par la production de pièces dont la richesse n'a pas été dépassée, elles portent généralement l'empreinte du style Louis XIV. Le nom de *point de Bruxelles* est parfois donné aux remarquables spécimens de ces divers travaux.

Vers la fin de ce siècle, on a inséré des fleurs ou des ornements à l'aiguille dans du fond fait aux fuseaux et nommé *drochel*; ce genre, plus économique comme fabrication, trouva un débouché énorme en Angleterre et ne tarda pas à recevoir faussement le nom de *point d'Angleterre* qui lui est resté.

Il est important de distinguer ces fabrications anciennes de celle plus récente du point à l'aiguille dénommé *point gaze* (fig. 131) et de l'application de Bruxelles.

Le xixe siècle a été capital pour les perfectionnements dans les

Fig. 131. — Volant en point gazé (grandeur naturelle.)

dessins et le retour à l'exécution entièrement à l'aiguille. — Les formes inspirées en principe par les points d'Alençon et d'Argentan se sont modernisées et assouplies, et le *point gaze* actuel, léger et vaporeux, fut bientôt créé. Ce point, entièrement à l'aiguille, est travaillé en

Fig. 132. — Dentelle à l'aiguille. (Travail moderne exécuté en Flandre.)

plusieurs parties. Les fleurs ou ornements sont exécutés séparément, souvent par plusieurs ouvrières, puis raccrochés les uns aux autres selon les nécessités du dessin et en rapport de leur qualité et de leur blancheur. Enfin ils sont montés sur le fond gaze sur lequel on coud les pois et les fleurettes disposés en semis. Chaque raccord du dessin comporte un bouquet complet, chaque bouquet est raccroché verticalement à son voisin ; ce raccrochage suit les sinuosités du dessin, il exige beaucoup de finesse pour ne pas se trahir et conserver la régularité nécessaire à l'ensemble.

L'exécution du point gaze est difficile et compliquée ; tiré du point d'Alençon, il se travaille par une série d'opérations ayant une grande analogie avec celui-ci. Cependant la fabrication française diffère sensiblement des produits belges. La première est restée longtemps sur les résultats acquis depuis un siècle, tandis que la seconde a continué lentement à progresser sous les doigts habiles des *béguines* (1) qui le travaillaient. En sorte que des différences d'aspect et de toucher sont venues s'accuser dans ces deux dentelles parties de la même origine et exécutées par les mêmes procédés. On ne saurait confondre le point d'Alençon et le point gaze. Le point d'Alençon, tel que l'histoire nous le montre, présente une maille ferme et des contours nerveux provenant de la grosseur des fils, son toucher reste empreint de rugosités, son dessin est toujours précis ; les fabricants modernes l'ont bien compris et ont ressuscité la beauté de son travail en sachant le plier aux exigences de la mode.

Le point gaze possède un caractère spécial par la ténuité de ses fils, par la minutie et la mièvrerie du fond qui n'appelle et ne semble pouvoir supporter que des dessins extra-légers, les seuls convenant à ce genre de dentelle.

Le point gaze ne se fabrique plus à Bruxelles même, le véritable centre de la fabrication se trouve dans le sud-ouest de la Flandre orientale. On y a introduit l'invention des fleurs travaillées en relief, à pétales superposés et montés presque comme des fleurs artificielles.

---

(1) On désigne sous le nom de béguinages des associations de femmes vivant librement sous une même règle. Les *béguines* ne prononcent pas de vœux mais elles sont soumises à une supérieure qu'elles nomment la *grande dame* et qu'elles élisent entre elles. Il y a des béguinages en Hollande et surtout en Belgique. Celui de Gand est très important ; les jeunes béguines vivent en communauté ; au bout de trente ans, chaque béguine a le droit de se retirer dans un logement d'une des petites maisons du béguinage. Certaines béguines peuvent prendre avec elles leur vieille mère ou des parentes et sont autorisées à retirer un petit bénéfice du loyer qui leur est payé. La principale occupation des béguines est la dentelle. Le calme de leur vie exempte de préoccupations leur permet de s'adonner à ce long et patient travail avec fruit et avec succès.

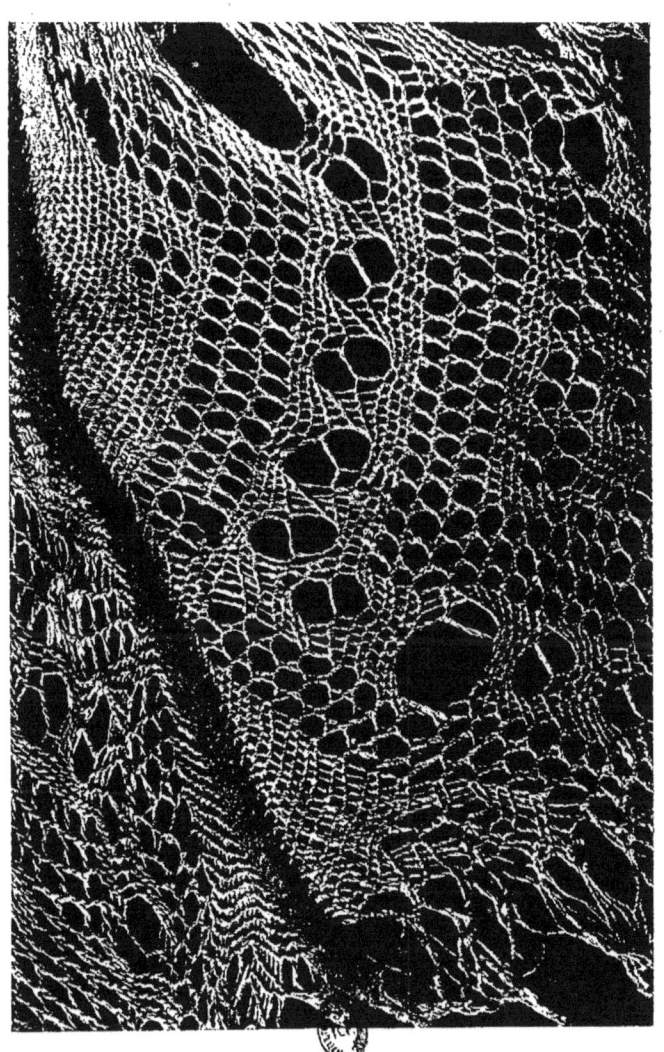

Morceau d'un bonnet en dentelle de fil de lin jaune et laine rouge, trouvé dans les fouilles d'Antinoë. (*Musée de Cluny.*)

Lorsque ce genre est bien compris, il est fort beau; mais, lorsqu'on en abuse, il donne à la dentelle un aspect lourd et chiffonné qui n'est pas agréable. Il exige un goût raffiné pour ne pas excéder l'effet recherché.

L'Exposition universelle de Liège, en 1905, a réuni dans le Palais de la Dentelle les échantillons les plus merveilleux de la fabrication du point gaze; certains étaient d'une finesse, d'un modelé qui porterait à craindre que jamais on n'arrive à faire mieux.

Le point gaze trouve son emploi dans la toilette féminine, on en fait des robes, des voiles de mariée, des volants, des mouchoirs, des rabats, des écharpes, des éventails et des garnitures de toutes sortes. On a fait aussi de nombreux médaillons irréguliers destinés à être incrustés dans les divers objets de toilette et même dans des bas de soie.

La Flandre fabrique également aujourd'hui des quantités d'autres points à l'aiguille d'un genre qui n'est autre que le point de Venise : dessins, matériaux, procédés de fabrication, tout concourt à produire le véritable point de Venise perfectionné. Ce point, pour lequel Colbert avait tant fait afin de l'importer en France, semble maintenant avoir pris racine en Belgique où les couvents le maintiennent dans une telle perfection que l'Italie, nous l'avons dit déjà, s'approvisionne en Belgique du point que l'île de Burano ne peut produire en assez grande quantité pour les demandes qui lui sont faites.

Dessin spécial au point d'Espagne et au point de Flandre. — Si on voulait refaire le point d'Espagne ancien, il faudrait lui laisser son caractère tout entier; on l'a déjà essayé dans quelques compositions géométriques où perçait l'art arabe.

Dans une précédente leçon, nous remarquions que la dentelle reticella ressemblait au crochet dans son aspect général; on peut dire la même chose du point d'Espagne. Ses fleurs et ses ornements massifs pourraient s'imiter au crochet dans le genre Irlande moderne. C'est donc les mats épais dans les ornements et dans les tiges, fleurs et feuillages, qu'il faut conserver au point d'Espagne. On mettra peu ou point de vides, les motifs se raboutant entre eux par des points de contact sur leurs contours. Des enroulements de grosses fleurs et de feuillages peu compliqués donneront pour ce genre l'esquisse de cette dentelle délaissée.

Pour le dessin des anciennes guipures de Flandre, il conviendra de s'inspirer des vieux dessins, et pour les guipures modernes, comme elles sont la reproduction du point de Venise, il n'y a qu'à faire les mêmes dessins que pour le point de Venise.

Dessin spécial au point gaze. — Il n'y a pas, en réalité, de dessin spécial pour cette belle dentelle puisque toutes les combinaisons et toutes les compositions sont susceptibles d'être exécutées à l'aiguille. Le dessin dépend beaucoup ici, comme ailleurs, de l'objet en vue duquel on fait une composition. Cependant, lorsqu'on voit réunies une grande quantité de dentelles en point gaze, il apparaît clairement qu'un genre de dessin, toujours le même, est adopté; on y retrouve les mêmes roses, iris, marguerites, fougères, pivoines, etc., et les mêmes ornements. La figure 133 donnera une idée du dessin adopté pour le point gaze. Le dessinateur, en restant dans les conditions imposées, qui sont les mêmes que pour le point d'Alençon, pourra néanmoins faire appel à toute son imagination et créer de belles compositions très libres où les fleurs et les ornements devront dominer. Nous ne saurions assez engager les dessinateurs et même les fabricants à éviter de tenter la représentation des portraits des souverains ou des hommes célèbres, des monuments publics et jusqu'à des locomotives! Cela peut être considéré comme un tour de force, mais c'est d'un mauvais goût indéniable; la dentelle, étant toute de grâce, d'élégance et de légèreté, ne saurait être réduite à cette décoration banale et grotesque.

Matériaux employés pour le point d'Espagne, le point de Flandre, le point de Bruxelles et le point gaze. — Pour les points d'Espagne et de Flandre, les matériaux étaient du fil de grosseur moyenne. On emploie du fil d'Ecosse, c'est-à-dire du coton, pour l'exécution du point de Bruxelles ou du point gaze, du n° 420 ou 440 pour les très beaux articles. Du fil n° 250 à 300 est employé pour le point gaze ordinaire.

Exécution du point d'Espagne et de la guipure de Flandre à l'aiguille. — Pour refaire le point d'Espagne ou les points des vieilles guipures de Flandre, il convient de se souvenir que ces dentelles anciennes étaient faites, pour ainsi dire, uniquement en point toilé ou d'entoilage et, pour le point de Flandre, on pourrait s'inspirer de la façon de travailler le Venise. — Nous prions donc le lecteur de se

LE POINT GAZE

reporter à la description des différents points employés dans l'exécution des dentelles de Venise.

Exécution du point gaze. — L'exécution du point gaze a beaucoup d'analogie avec celle du point d'Alençon. Ce point est toujours exécuté par des ouvrières nombreuses à cause de la rapidité qu'il faut mettre à livrer les dentelles qui sont commandées.

La première opération est la préparation du dessin. Avant d'être remis aux ouvrières, le dessin est calqué et divisé en morceaux ne

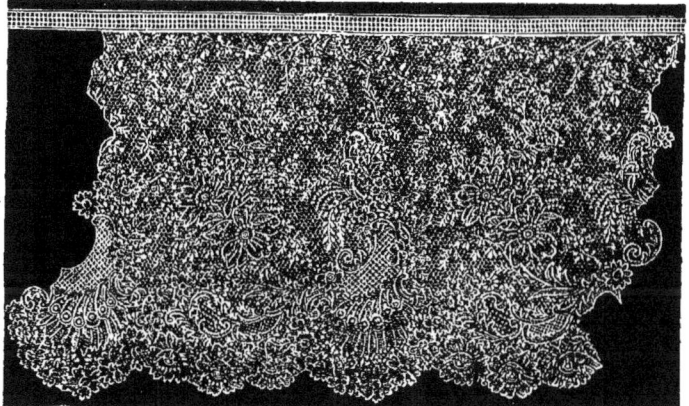

FIG. 133. — Volant de point gaze en cours d'exécution, montrant la manière de morceler et de raccrocher le travail. (Tiers de la grandeur naturelle.)

comprenant que les fleurs ou ornements et ne dépassant pas un décimètre et dont le contour suit la forme des fleurs ou ornements. Le nombre des morceaux varie suivant la grandeur et l'importance de la pièce à exécuter; ils sont remis aux travailleuses. Après la distribution de l'ouvrage, le dessin original est déposé dans les cartons du fabricant d'où il ne sera extrait que pour être consulté au moment du montage final.

Les parties du dessin calquées et distribuées aux ouvrières sont bâties sur un morceau de toile ou de cotonnade forte. Le papier ayant été piqué comme nous l'avons indiqué déjà, l'ouvrière pose le fil de bâti ou de trace (voir page 138). Comme le point gaze doit conserver toute sa blancheur, il faut protéger le travail contre la poussière; on y parvient en employant une toile cirée ou un papier noir dans lequel on a fait un trou juste assez grand pour que l'ouvrière puisse travailler, de même que pour le point de Venise et toutes les dentelles à l'aiguille; de cette façon, le travail protégé est toujours d'une propreté parfaite. L'ouvrière ordinaire fait les points mats (toute la partie de toile ou entoilage) avec le point de la figure 134 et le point de tulle expliqué page 104 dont les mailles sont plus ou moins serrées, selon la nécessité du dessin et suivant qu'il est plus ou moins ombré. Quand le travail d'entoilage est terminé, d'autres ouvrières spéciales font les jours; et enfin on pose le cordonnet, point de feston fait sur un fil et destiné à sortir les dessins.

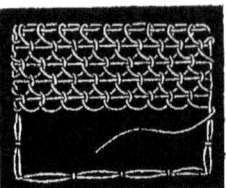

Fig. 134. — Point d'entoilage ou point mat du point gaze (très agrandi).

La gaze est le tissu uni à mailles hexagonales (comme celle d'Alençon), qui forme le fond. Le fond *gaze* est fait après qu'on a raccroché les différentes parties de fleurs ou ornements du dessin exécutées par diverses ouvrières.

En se reportant aux explications plus détaillées que nous avons données pour le point d'Alençon on comprendra mieux le travail du point gaze.

Ce qui est le caractère du point gaze, c'est la régularité du réseau, la précision de ses contours et la variété de ses jours. Il n'a pas, comme le point d'Alençon, des effets obtenus en creux. — Nous conseillons à l'élève dentellière de s'exercer à exécuter elle-même, de toutes pièces, le point gaze sans se spécialiser à l'un ou l'autre des points, une très bonne ouvrière devant toujours savoir faire son travail à elle seule en entier.

Devoir du dessinateur

Ce devoir portera sur le point gaze comme étant le plus important de cette leçon. — Faire le dessin d'un mouchoir en point gaze. — Faire le dessin d'une écharpe en point gaze à fleurs, en relief.

Devoir de la dentellière

S'exercer à faire des fleurs et ornements en point gaze. — S'exercer à faire la gaze. — S'exercer à monter ces diverses études.

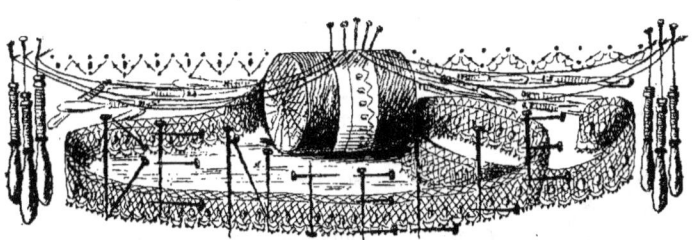

DIX-SEPTIÈME LEÇON

Origines des dentelles aux fuseaux. — Matériaux employés.

(Voir les planches hors texte pages 181, 191 et 201.)

Les origines de la dentelle aux fuseaux ont été très discutées par ceux qui ont écrit sur ce sujet. La Flandre et l'Italie ont été, tour à tour, désignées comme le berceau des dentelles aux fuseaux. Presque tous les auteurs, quel que soit leur avis à ce sujet, terminent leurs considérations sur les débuts du travail aux fuseaux, par la citation de gracieuses légendes, dont l'une place à Venise et l'autre à Bruges l'origine de la dentelle aux fuseaux. Nous avons déjà dit au commencement de ce volume que nous pensions que l'Italie devait être considérée comme le pays d'où était venue l'invention de la dentelle, nous confirmons ici cette opinion et nous l'appuyons sur des faits qui nous semblent tout à fait probants.

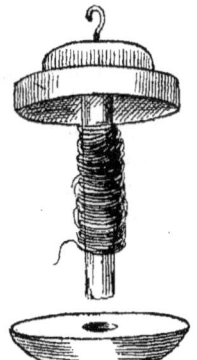

Fig. 135. — Bobine encore chargée de fil, trouvée dans les fouilles d'Antinoë. (Musée Guimet.)

Les fouilles faites en Égypte, au cours de ces dernières années, ont mis à jour des corps ensevelis dans leurs tombeaux et vêtus de costumes qu'ils portaient habituellement pendant leur vie. Certaines des momies retrouvées et dont les restes ont été exhumés portaient des coiffures, des réticules, des bourses, des garnitures et même des tuniques d'un travail qu'on ne peut attribuer qu'aux fuseaux. Ces objets qui comportent des dessins et des combinaisons de points différents, appartiennent à la classe des guipures.

188   LES BRODERIES ET LES DENTELLES

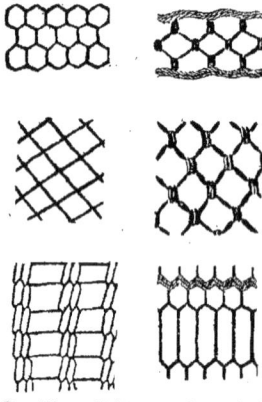

Fig. 136. — Différents points relevés dans les dentelles trouvées dans les fouilles d'Antinoë.

Des fuseaux ou mieux des bobines, fig. 135, servant à la confection de ces travaux, ont été retrouvées dans les tombes, encore chargées des fils ayant servi à exécuter ces dentelles. Devant ces témoignages irrécusables, il faut donc admettre que les Coptes, et même probablement les Égyptiens, travaillaient les dentelles aux fuseaux et qu'ils ont transmis cet art à l'Italie, au moment où l'Égypte devenait une colonie romaine.

Les documents précis manquent encore sur les dentelles qui ont pu être faites du VIe au XVe siècle; s'il n'en résulte pas que la fabrication de la dentelle n'ait pas été conservée en ces temps demi-barbares, il ne nous reste pas d'échantillons de ces époques : c'est regrettable, c'est tout ce que l'on peut dire. Nous affirmions nous-mêmes, il y a quelque dix ans, que la dentelle aux fuseaux était inconnue avant le XVIe siècle.

Aujourd'hui, après avoir longuement étudié les échantillons conservés au Musée du Louvre, au Musée de Cluny et au Musée Guimet, où, grâce à l'aimable érudition de M. de Milloué, conservateur de ce Musée, nous avons pu reconstituer l'exécution de ces dentelles, nous devons reconnaître que plusieurs points de dentelle actuels étaient déjà connus dans ces temps reculés.

Nous sommes heureux de renforcer ici l'opinion

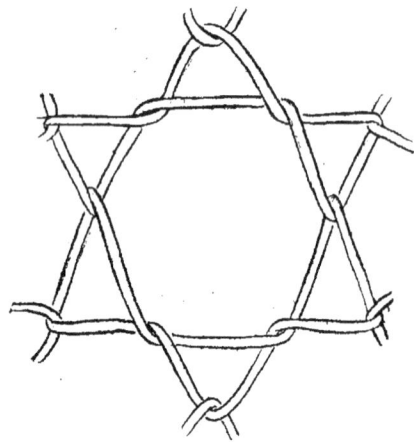

Fig. 137. — Point très agrandi montrant les passes de fil dans une dentelle trouvée à Antinoë.

ORIGINE DES DENTELLES AUX FUSEAUX

de M. R. Cox, attaché au Musée des tissus de Lyon, qui a admis parmi les dentelles, dans son grand ouvrage sur l'art de décorer les étoffes, ces vestiges étonnants et insoupçonnés d'un passé prestigieux.

Nous avons fait photographier deux spécimens des points qu'on retrouve le plus souvent dans les dentelles d'Égypte, conservées au Musée de Cluny et au Musée Guimet. Au premier examen, ces points sont déconcertants, l'un ressemble au fond de tulle du point de Paris et, cependant, il n'est pas obtenu par les mêmes passes de fil. Un sac réticule en laine bleue et fil vieil or, dont nous donnons la reproduction, est fait d'une maille de tulle glissante qui étonne et dépiste les recherches. Mais, lorsque les dernières fouilles faites à Antinoë, par M. Gayet, en 1904-1905, ont été exposées en juin au Petit Palais, à Paris, notre étonnement devait être plus grand encore. Nous avons pu voir alors, parmi les nombreuses dentelles réunies, des échantillons où le point de tulle à mailles hexagonales et le fond Valenciennes à mailles carrées, étaient exécutés à peu près comme de nos jours.

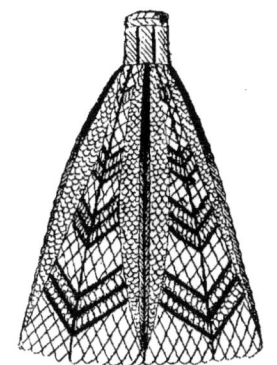

Fig. 138. — Bonnet en dentelle. (Reconstitution d'après des fragments trouvés dans les fouilles d'Antinoë.)

Fig. 139. — Point très agrandi formant la partie d'entoilage des dentelles trouvées dans les fouilles d'Antinoë (Le point glisse sur lui-même et forme les mats en se resserrant).

Des tombes de femmes exposées en nombre, nous ont montré des costumes divers dont voici quelques descriptions : Costume de femme, composé d'une robe à fond rouge, d'un mantelet rose pâle et d'un *bonnet de dentelle*.

Autre costume, avec tunique à empiècement rouge, vert et jaune, avec manteau vert, brodé, et *bonnet de dentelle* de fil noir et brun.

Un autre encore : tunique à empiècement violet, suaire à fleurs stylisées, *filet de dentelle* paraissant avoir recouvert la tunique, etc.

Nous ne pouvons citer le contenu de toutes les vitrines et les nombreuses dentelles qu'elles renfermaient; beaucoup étaient en fil de tons différents, formant rayure ou dessin. D'autres étaient en laines polychromes, d'autres enfin rouges, bleues ou violettes de ton foncé uni.

Après examens et comparaisons approfondies, il nous a paru que

Fig. 140. — Métier en bois servant à exécuter un travail de réseau d'après un ancien ouvrage chinois. (Bibliothèque nationale, Estampes).

le travail de ces dentelles n'était pas obtenu à l'aide des épingles, mais résultait de passes et de croisements de fils libres.

Au cours de nos études et de nos recherches à la Bibliothèque nationale, nous avons trouvé au département des estampes dans un vieil ouvrage chinois, la représentation d'un métier en bois, sur lequel une femme exécute un travail de réseau à l'aide de bobines analogues à celles trouvées dans les tombes d'Antinoë; des bonnets ayant une forme qui rappelle ceux portés par les momies d'Égypte se trouvent

Réticule en tulle de laine bleu marine rayé de soie jaune, trouvé dans les fouilles d'Antinoë.
(*Musée de Cluny.*)

ORIGINE DES DENTELLES AUX FUSEAUX

placés auprès de la travailleuse. Il semblerait donc que la Chine, elle aussi, a produit autre chose que le filet de chasse et de pêche, elle fit peut-être des ouvrages précurseurs de ceux trouvés dans les tombes d'Antinoë. Après de patients essais, nous sommes arrivés à décomposer et à refaire les dentelles d'Égypte; nous en donnons une figure agrandie page 201 hors texte qui permettra de comprendre le travail. Ces dentelles d'Égypte sont généralement exécutées avec un fil fin, travaillé quelquefois en double, et elles présentent comme grosseur l'aspect d'une guipure torchon ordinaire.

En Europe, les couvents et les châteaux ont dû recéler longtemps les rudiments primitifs des passements aux fuseaux tombés en désuétude, avant que l'industrie s'en mêlât. Le commerce brillant de Venise a, probablement, inspiré l'idée de livrer à des fabricants ces éléments, dont l'irruption inattendue a pu surprendre un moment, mais on n'a pas tardé longtemps à les améliorer, en imitant aux fuseaux les dessins géométriques empruntés aux points à l'aiguille.

Peut-être, découvrira-t-on des documents sur l'ère, du VIe au XVe siècle, qui reste pour nous fermée, obscure, impénétrable, car c'est seulement à partir du XVe siècle que le travail aux fuseaux réapparaît clairement démontré et c'est alors, seulement, que les documents recueillis permettent de suivre la marche progressive qui a fait arriver rapidement à la fabrication des premières dentelles, travaillées aux épingles, sur un coussin, qui ont été nommées *passements*.

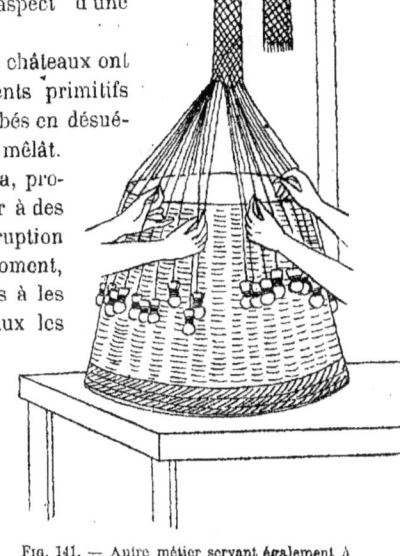

Fig. 141. — Autre métier servant également à l'exécution d'un travail de réseau, d'après l'ouvrage précité.

La dentelle aux fuseaux était moins chère que la dentelle à l'aiguille, et, de ce fait, trouva un grand débit, surtout auprès de ceux qui ne pouvaient s'offrir le luxe des points coûteux. A mesure que le travail aux fuseaux a pénétré dans les divers pays, chacun se l'est assimilé selon les nécessités de son usage ou des modes de sa localité. On s'est appliqué à reproduire aux fuseaux les compositions des dentelles à l'aiguille. Puis, peu à peu, les ouvrières habiles ont créé des nouveaux points spéciaux et la dentelle aux fuseaux parut vraiment inventée, dans le sens de fabrication, qu'elle a gardé de nos jours.

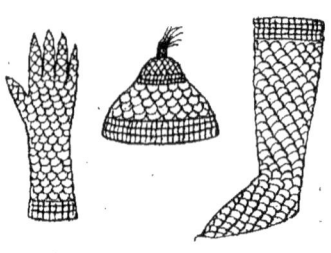

Fig. 142. — Gant, bonnet, et bas, d'après l'ouvrage précité.

Nous arrêterons, ici, notre étude sur les origines des dentelles aux fuseaux, devant reprendre, à chaque leçon, l'historique de chacun des points dont nous aurons à faire la démonstration.

Il serait intéressant d'approfondir davantage la connaissance du travail spécial des dentelles d'Égypte, en vue de l'utiliser à l'heure présente où la recherche de nouveaux points et de nouvelles combinaisons sont partout à l'ordre du jour.

Le point à maille glissante qui forme les parties mates des dentelles d'Égypte a, lorsqu'il se resserre, l'apparence d'une sorte de tricot; on peut même lui donner, en travaillant d'une certaine manière, un aspect matelassé que l'on trouve souvent employé dans les morceaux ou objets trouvés dans les fouilles d'Antinoë pour former des nervures ou des bordures. Ce genre de travail aux fuseaux pourrait donner naissance, s'il était bien employé, à une dentelle qui ne présenterait que peu d'analogie avec celles existantes. Il est très facilement possible de passer de ce point mat aux points clairs en usage dans les dentelles d'Égypte. Des effets de jeu de fonds seraient aisés à trouver pour le travailleur qui voudrait étudier des combinaisons agréables, car il existe des points à mailles très larges et d'autres d'un aspect plus resserré qui tiennent le milieu entre le point mat et les points clairs. Ces derniers sont d'une très grande variété et en se servant des idées anciennes, c'est-à-dire en confectionnant des dentelles de soie de couleur sombre, on arriverait certainement à un résultat pour l'ornementation du costume féminin. Les dentelles de laine polychromes pourraient, elles aussi, être l'objet de trouvailles d'un autre genre. Tandis que les travaux en fil de lin pourraient donner lieu à des combinaisons pour l'ameublement en les refaisant avec des textiles un peu fort.

Les matériaux employés dans les dentelles aux fuseaux sont très nombreux et très variés : tous les fils, tous les cotons, tous les genres de soie y compris la soie artificielle, la laine, la ramie, l'or, l'argent, voire même la paille, le crin et les cheveux; que n'a-t-on pas employé pour fabriquer les dentelles aux fuseaux?

Les mélanges de laine et soie, de lin, de fil d'or et d'argent, etc., sont très employés en ce moment.

DIX-HUITIÈME LEÇON

Métiers à dentelle aux fuseaux. — **Dessins spéciaux pour les dentelles aux fuseaux.** — **Piquage des dessins.** — **Principaux points de la dentelle aux fuseaux.**

Le travail de la dentelle aux fuseaux n'a aucune analogie avec celui de la dentelle à l'aiguille. Il n'est pas venu, comme cette dernière, de la broderie et son exécution se rapproche plutôt du tissage des étoffes par l'entrecroisement et le tressage des fils. Les dentelles aux fuseaux se fabriquent dans presque tous les pays du monde occidental. Pour fabriquer la dentelle aux fuseaux on se sert de métiers, de fuseaux et d'épingles.

Suivant les pays où ils sont en usage, les métiers à dentelle sont dé-

Fig. 143. — Métier employé dans la Haute-Loire.

signés par les noms de *carreau*, de *coussin*, et quelquefois d'*oreiller*. La forme du métier varie également suivant les localités et les genres de dentelles qu'il sert à fabriquer.

Le métier employé dans la Haute-Loire est une sorte de boîte carrée munie d'un cylindre à axe central, fortement rembourré et qui tourne sur lui-même. C'est sur ce cylindre que l'ouvrière fixe le carton avec le dessin piqué qu'elle veut reproduire. Ce métier est pratique pour la fabrication des dentelles à long métrage, en ce sens, qu'il permet à la dentellière de faire un ouvrage continu sans être jamais obligée de le démonter pendant la durée du travail.

MÉTIERS A DENTELLE AUX FUSEAUX

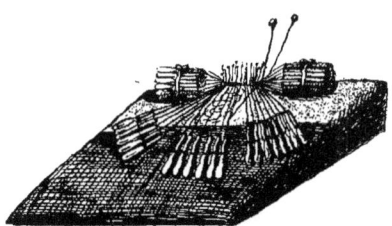

Fig. 144. — Métier employé pour la Valenciennes.

Le métier employé dans les Vosges, nommé carreau tournant, a la forme extérieure du précédent que nous venons de décrire; néanmoins, il en diffère par une roue dont le système de rotation est horizontal au lieu d'être vertical. Cette forme de métier permet à l'ouvrière de fabriquer des motifs de grande taille sans avoir à se préoccuper du *sens* de son ouvrage, les fuseaux pouvant être dirigés tout autour de la dentelle, grâce au système de la roue qui lui permet d'amener toujours devant elle la partie qu'elle doit travailler. Il existe en Normandie un métier tournant dans lequel le cylindre est plutôt comme un disque, tournant en rond, à plat. Pour fabriquer la dentelle de Chantilly en Normandie, la dentelle de Grammont et la Valenciennes en Belgique, on fait usage d'un large coussin, aplati en avant, un peu élevé en arrière; le coussin est rembourré fortement. Il est tendu de drap sombre (noir ou vert) et recouvert en partie d'une large bande en toile cirée ou en papier bleu pour permettre aux fuseaux de glisser facilement. Ce métier ou coussin est posé sur un chevalet à crémaillère de façon à ce que la dentellière puisse le monter ou le descendre à sa guise. Le carton du dessin piqué est attaché dans toute la hauteur du métier. Pour les dentelles à grand métrage, ce coussin a l'inconvénient d'obliger l'ouvrière à déplacer toutes ses épingles lorsqu'elle est arrivée au bout du dessin; à ce point de vue, le métier employé dans la Haute-Loire semble préférable, mais pour les grandes pièces, le coussin plat est le plus pratique. Pour la dentelle de Bruges et les fleurs destinées à l'application de Bruxelles, on se sert d'un coussin rond aplati sur les bords et

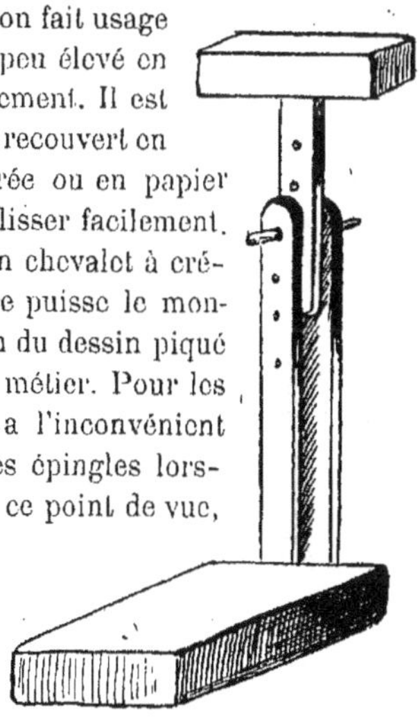

Fig. 145. — Chevalet à crémaillère. La dentellière appuie le haut du métier sur le chevalet et le bas sur ses genoux.

198   LES BRODERIES ET LES DENTELLES

Fig. 146. — Métier rond servant pour les motifs de l'application et pour toutes les dentelles nécessitant la possibilité de mettre des fuseaux tout autour du travail.

légèrement bombé au milieu, monté également sur un chevalet comme le précédent. Dans certains cas, ce métier n'est pas monté et l'ouvrière le pose directement sur ses genoux ou sur une table; sa forme facilite le travail des parties détachées de l'application de Bruges et de la Duchesse, travail ne nécessitant qu'un petit nombre de fuseaux qui doivent pouvoir évoluer dans tous les sens. Comme le précédent, ce coussin est tendu de drap sombre et l'ouvrière le recouvre d'un papier bleu percé d'un trou, juste assez grand pour lui permettre de faire évoluer ses fuseaux dans l'espace laissé libre par son ouverture. Ce papier troué a pour but de préserver de la poussière la dentelle en train et de lui laisser sa blancheur la plus parfaite.

On fait encore usage en Italie et en Saxe d'un métier ayant la forme d'un gros rouleau ou manchon bourré de sciure de bois ou de crin et placé dans une sorte de boîte supportée sur quatre pieds.

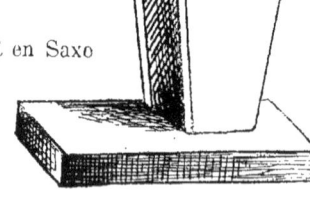

Fig. 147. — Métier en usage en Italie.

D'autres variétés de métiers existent encore suivant les pays ou les localités, mais comme ils dérivent de ceux dont nous venons de parler, il ne nous semble pas utile de les décrire.

Les fuseaux sont en général demeurés pour la forme à peu près ce qu'ils ont été au début. Ils sont, le plus souvent, en bois tourné présentant trois parties distinctes; à la base un renflement qui sert à les saisir pour travailler; au milieu une partie droite comme le corps d'une bobine sur laquelle vient s'enrouler le fil lorsqu'on *charge*

Fig. 148. Fuseaux légers pour fines dentelles.

le fuseau, en haut, une tête arrondie qui est destinée à maintenir le nœud qui arrête le fil. La grosseur des fuseaux varie suivant la qualité de dentelle que l'on veut faire. Pour les dentelles fines, ils sont légers et minces. Pour les grosses dentelles, comme celles du Puy, par exemple, ils sont plus gros. — Afin de préserver le fil de l'air trop sec ou trop humide et de le mettre à l'abri de tout ce qui pourrait le salir, on recouvre la partie du fuseau formant bobine d'une feuille de corne mince enroulée, qui lui sert de gaine et n'empêche pas le passage ni le glissement du fil. Dans certaines localités, cette gaine est en bois quelquefois grossièrement sculpté.

Fig. 149. Fuseau ordinaire.

Pour charger les fuseaux de fil, on se sert d'un moulin spécial appelé aussi dévidoir et qui a une grande analogie avec le rouet. D'un côté du dévidoir, on place l'écheveau de fil, de l'autre le fuseau, ce dernier maintenu par deux pointes de fer lui permettant de tourner rapidement sur lui-même. Une manivelle que l'on met en mouvement à la main, fait passer le fil de l'écheveau sur le fuseau qui se charge de fil très rapidement par ce procédé des plus simples. La figure 150 permettra de comprendre plus aisément la forme et le maniement du dévidoir.

Le chargement des fuseaux par le textile choisi pour faire la dentelle est une opération assujettissante, le plus simple dessin exigeant 30 à 40 fuseaux et un textile en rapport avec la qualité prévue pour chaque dentelle. Il a été inventé récemment des fuseaux perfectionnés destinés à éviter le lent dévidage et à conserver la propreté du fil. Ces fuseaux n'ont pas été adoptés par la fabrication générale pour des

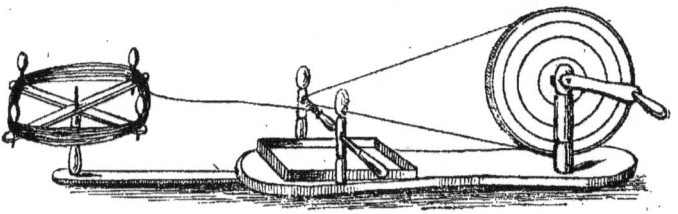

Fig. 150. — Dévidoir pour charger les fuseaux fil.

Fig. 151. — Piqué du point de grille.
(Le même piqué plus rapproché sert pour le point de toile).

motifs divers, parmi lesquels figure, en première ligne, la routine ouvrière quoiqu'ils marquent une tendance au progrès et ouvrent des voies aux initiateurs.

Les dentellières se servent d'épingles pour arrêter les formes du dessin, les points de croisement et éviter que les fuseaux ne se brouillent. Les épingles de laiton à têtes de verre ou de cire sont les meilleures ; celles en acier, ayant l'inconvénient pour les fines dentelles surtout, de se rouiller à la longue. Selon la grosseur des dentelles, les épingles sont plus ou moins fines.

Le dessin de la dentelle aux fuseaux diffère considérablement de celui en usage pour la dentelle à l'aiguille. Il doit être composé en tenant compte des nécessités d'exécution des passes des fuseaux. Il est presque indispensable de connaître les points, les passes de fil et la marche de l'ouvrage pour composer un dessin de dentelle aux fuseaux *exécutable*.

Nous ne parlerons ici que des généralités de ce dessin et ne nous étendrons pas sur ce sujet, puisque, à chacune des prochaines leçons, nous donnerons des indications sur le dessin spécial à chaque sorte de dentelle.

L'esquisse une fois composée et même lorsqu'elle est reconnue très exécutable, ne suffit pas à permettre son exécution. Il faut en faire ce qu'on appelle la mise en carte, en tenant compte de la grosseur du textile et suivant des règles précises afin d'obtenir ensuite le carton dessiné géométriquement et percé de trous, qui indiqueront où l'ouvrière doit placer ses épingles. Ce carton s'appelle *piqué* ou *patron*. Il est donc abso-

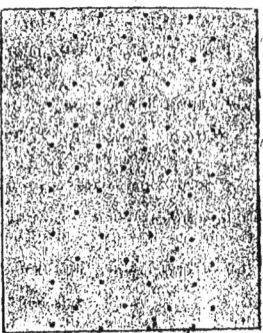

Fig. 152. — Piqué du point torchon.
(Sert également pour le fond de tulle et le fond Valenciennes).

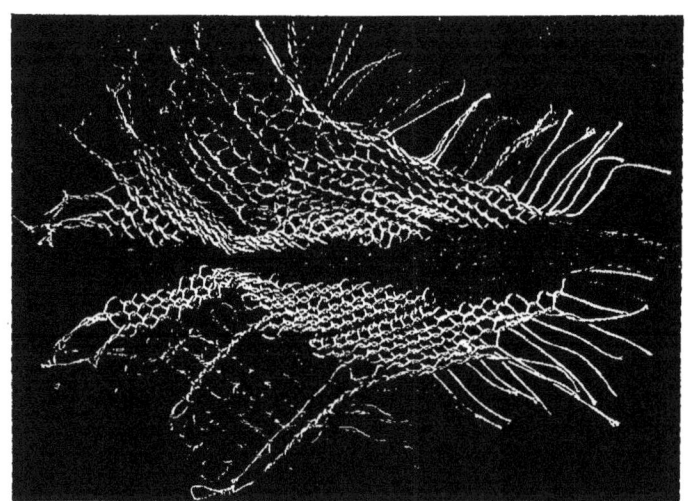

Reconstitution des dentelles trouvées dans les fouilles d'Antinoë.
(*Travail aux fuseaux exécuté par M. Pierre PAGÈS.*)

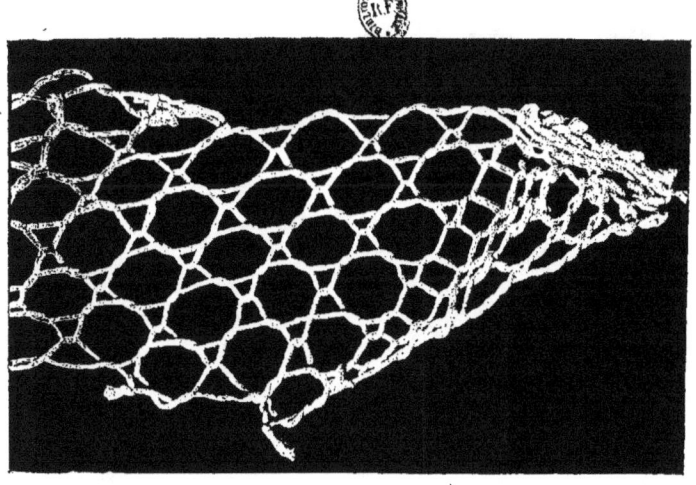

Un des points principaux de presque toutes les dentelles trouvées à Antinoë.

lument nécessaire que le dessinateur en dentelle connaisse la mise en carte. Cette mise en carte ne se fait pas partout de la même façon ; elle varie selon les pays et surtout selon les genres de dentelle ; cependant, la façon de procéder la plus générale est de poser sur l'esquisse de la composition, un papier ou parchemin transparent sur lequel on calque le dessin à l'aide d'une pointe sèche ; ce travail permet de ramener

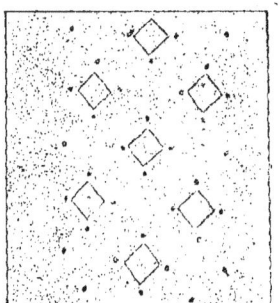

Fig. 153. — Piqué de fond à la Vierge.

le dessin à des formes bien géométriques en se servant d'un compas pour marquer les distances exactes, les cercles ou arcs de cercles. Ce calque rectifié obtenu, on pose, sur un coussin long ou sur du drap plié en plusieurs épaisseurs, un carton mince *très lisse*, pour que les fuseaux ne soient arrêtés par aucune aspérité quand on fera la dentelle, et de couleur brune pour que les fils tranchent sur le ton du carton quand la dentelle sera en train. On pose le calque fait à la pointe sèche sur ce carton ; le tout est fixé sur le coussin ou sur le drap avec des épingles aux quatre angles. En dernier lieu, à l'aide d'une aiguille manchée spéciale, on commence le piquage qui consiste à faire un trou à chaque endroit du dessin où la dentellière devra poser une épingle pour l'exécution de ce dessin. (Nous donnons, figures 151, 152, 153, 154, la manière de placer les épingles pour faire les différents points de dentelle aux fuseaux.) Enfin, on sépare le calque et le carton, on trace à l'encre sur ce dernier, les formes du dessin entre les trous, les détails de fabrication sont traduits par des lignes pour les cordes, deux virgules pour le point grillé et du noir plein pour le point de toile ou point mat. Pour les grains d'orge ou les araignées, on indique un cercle entourant le trou où sera posée l'épingle et un certain nombre de lignes formant

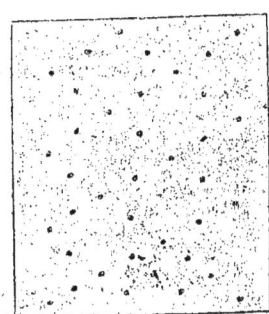

Fig. 154. — Piqué du fond mariage.

LES BRODERIES ET LES DENTELLES

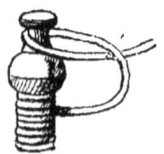

Fig. 155. — Boucle du fil à la tête du fuseau.

les rayons de ce cercle. Les picots s'expriment par un cercle entourant le trou de l'épingle.

Pour certaines dentelles, surtout pour celles à grands dessins, on se sert pour faire la mise en carte de papier imprimé de petits carreaux de quelques millimètres, cela simplifie le travail géométrique de l'indication des trous d'épingle, mais nous le répétons, la façon d'exécuter la mise en carte n'est pas la même partout. Dans certains pays, l'échantillonneuse fait directement le travail du piqué sur le dessin en exécutant l'échantillon de dentelle. Pour cela, elle place l'esquisse préalablement doublée de carton sur le carreau et pose ses épingles sans autre indication que ses connaissances acquises. L'échantillon terminé on l'enlève du métier, le carton se trouve naturellement piqué de trous là où les épingles ont été posées pour le travail, ce carton sert de modèle pour recopier tous ceux qui seront confiés aux ouvrières.

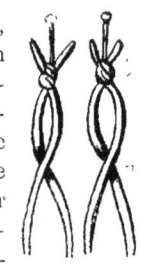

Fig. 156. Manière de tordre.

La fabrication de la dentelle aux fuseaux repose sur un certain nombre de points peu nombreux relativement et qui, lorsqu'on les décompose, sont toujours les mêmes, employés avec des matières de différentes grosseurs et de différents titres. Nous avons vu que pour les dentelles à l'aiguille, la fabrication repose en grande partie sur le point de feston et tous ses dérivés, pour la dentelle aux fuseaux, il existe certaines passes de fils qui sont la base de tous les points, il importe de bien les comprendre pour parvenir à exécuter les dessins comportant des points plus fins. Il ne faut plus que de la patience et de l'agilité de doigts quand on connait bien les points fondamentaux que nous diviserons comme il suit :

Fig. 157. Corde de quatre (très grossie).

Fig. 158. — Manière de croiser les fils intérieurs.

La corde de 4.

PRINCIPAUX POINTS DE LA DENTELLE AUX FUSEAUX

Le point de grille.
Le point de toile ou point mat.
Le point torchon.
Le point mariage.
Le point à la Vierge.
Le réseau de tulle.
Le réseau hexagonal.
Le point de rose ou éternelle.
Fond Bruxelles.
Fond Valenciennes.
Point d'esprit.

(Points que l'on retrouve employés dans toutes les dentelles qu'elles soient fines, moyennes ou grosses.)

Avant de commencer à travailler la dentelle, il faut monter son métier. Si on emploie le carreau à *cylindre tournant*, en usage dans la Haute-Loire, ou tout autre métier rond, qui sont les plus pratiques pour les premières études, on place premièrement le patron ou piqué sur le carreau. Il doit être bien tendu sur le cylindre de façon à ce que les deux parties du dessin se rencontrent et se rejoignent sans solution de continuité. On les fixe par des épingles assez longues, pour que le piqué ou patron adhère solidement au cylindre. Si le patron est trop long pour s'adapter exactement au cylindre, on garnit ce dernier de chiffons jusqu'à ce qu'il ait atteint la grosseur nécessaire pour que le dessin rejoigne; si le patron se trouve trop court, il est préférable de prendre un carreau plus petit ou bien de le refaire, car, si le dessin ne couvrait pas

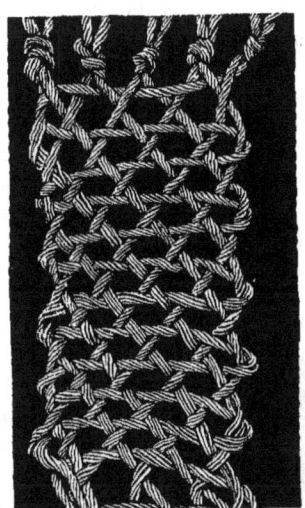

FIG. 159. — Point de grille très grossi.

FIG. 160. — Point de toile très grossi.

le cylindre en entier, les avantages de ce carreau, qui sont de faire un travail continu, n'existeraient plus.

Le carton ou patron doit être posé pour que le haut de la dentelle qui se nomme *pied* soit placé à gauche de l'ouvrière et le bas de la dentelle qui se nomme *tête* à sa droite. Ces oppositions de noms s'expliquent par la raison qu'en fabrique on regarde toutes les dentelles le pied ou engrelure en bas et le bord dentelé ou tête en haut, contrairement aux usages commerciaux.

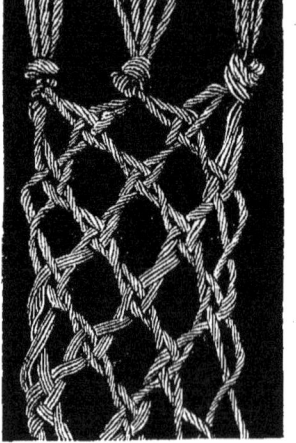

Fig. 161. — Point torchon très grossi.

Sur les métiers à cylindre on travaille avec tous les fuseaux pendants devant soi et la dentelle s'exécute dans le sens de la longueur.

Pour les métiers plats et pour les métiers tournants on pose simplement le carton piqué bien tendu sur ledit métier ou on le fixe aux quatre coins avec des épingles. Lorsqu'on doit exécuter de très grands travaux en dentelle aux fuseaux, l'ouvrage est morcelé comme dans la dentelle à l'aiguille, soit par bandes, soit par portions contournant des dessins ou des ornements, ces morceaux sont ensuite réunis au point de *raccroc*.

Le carton fixé sur le carreau, il s'agit de préparer les fuseaux. Quand les fuseaux sont chargés du textile qui doit servir à faire la dentelle, ils ne sont pas encore prêts; il faut nouer le fil pour le maintenir tout en lui permettant de glisser et de se dévider régulièrement à mesure que la dentellière travaille. Il suffit d'une boucle en haut du fuseau comme l'indique la figure 155. Ils sont ensuite accouplés par paires en nouant ensemble les fils de deux fuseaux.

Pour les études de points nous conseillons de les faire avec du fil très gros pour bien voir et comprendre les passes ce qui est de la plus haute importance pour réussir. Toutes nos figures de points ont été agrandies au *microscope* d'après les plus fines dentelles pour bien démontrer que toutes les dentelles sont basées sur le même principe de travail. Nous sommes absolument partisans de l'enseignement par des exercices très agrandis qui permettent aux débutants de voir de suite leurs erreurs en étudiant avec du fil très gros, voire même avec du cordonnet ou de la ficelle. Alors qu'une faute passerait inaperçue en travaillant avec du fil très fin, elle apparaîtra tout de suite avec du gros fil.

Les épingles doivent être plantées bien perpendiculairement au cylindre et assez solidement pour ne pas vaciller après le croisement des fils. Il faut éviter de tordre ou de détordre le fil en faisant jouer les fuseaux. Avant de commencer l'étude des points nous expliquons que nous numérotons toujours les fuseaux *tels qu'ils se présentent devant nous au moment où nous parlons.*

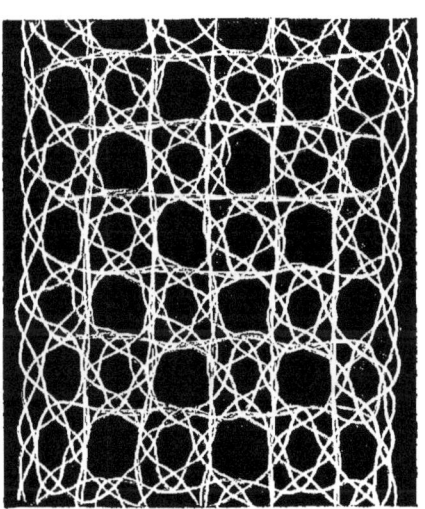

Fig. 162. — Point à la Vierge très grossi.

Explication de la corde 4. — Fixer deux paires de fuseaux sur le métier à l'aide d'épingles traversant chaque nœud. Tordre. C'est-à-dire passer dans la même paire chaque fuseau de droite par-dessus celui de gauche

Croiser les fils intérieurs. 2° sur 3°. Tordre à nouveau puis croiser et obtenir la corde en continuant ainsi (voir fig. 156, 157 et 158).

Explication du point de grille. — Fixer plusieurs fuseaux attachés par paires. Les fils pendent verticalement. Croiser tous les fuseaux de droite sur ceux de gauche. Puis : passer le 2me fuseau sur le 3°; le 4me sur le 3°; le 2° sur le 1er.

Ecarter deux fuseaux sur la gauche. Continuer jusqu'au bout

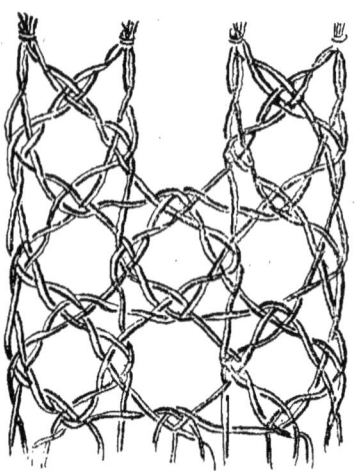

Fig. 163. — Démonstration du croisement des fils pour le point à la Vierge.

Ecarter 2 fuseaux à gauche. Continuer jusqu'au bout de la rangée, où l'on tord, une fois.

Planter une épingle dans le trou du piqué sous les fuseaux; passer ceux-ci à droite de l'épingle, et revenir en sens inverse faire le 2° rang.

Le point de toile est fait. Selon la largeur que l'on veut obtenir mettre 2, 3 ou 4 groupes de 4 fuseaux (fig. 160).

Explication du point torchon. — Attacher avec une épingle plusieurs *groupes de 4 fuseaux*. Les fuseaux pendent verticalement.

du rang. Croiser les fils des deux derniers fuseaux, planter une épingle sous les fuseaux dans le trou du piqué.

Passer les fils derrière cette épingle.

Refaire le même travail en sens inverse. Le point de grille est fait (fig. 159).

Explication du point de toile. — Fixer sur le métier plusieurs groupes de 4 fuseaux.

Les fuseaux pendent verticalement.

Passer le 2me fuseau par-dessus le 3°; le 4° par-dessus le 3°; le 2° par-dessus le 1er; le 2° par-dessus le 3°.

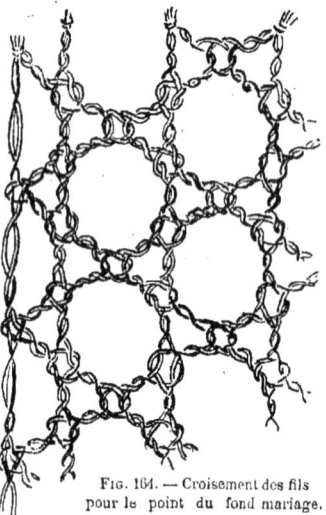

Fig. 164. — Croisement des fils pour le point du fond mariage.

Prendre les 2 fuseaux de droite du premier groupe de 4 et les 2 fuseaux de gauche du deuxième groupe de 4. Les tordre chacun de droite à gauche.

Ensuite passer, le 2° sur le 3°; le 4°, sur le 3°; le 2° sur le 1ᵉʳ; poser l'épingle au milieu des 4 fuseaux; le 2° sur le 3°. Tordre chaque paire, c'est-à-dire : 2° sur 1ᵉʳ; 4° sur 3°.

Laisser les fuseaux qui ont travaillé.

Prendre les 4 suivants à droite et recommencer le travail de même. Au bout de la rangée il reste deux fuseaux. Tordre

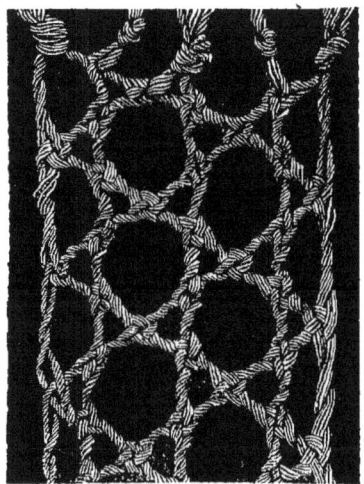

Fig. 165. — Variété du fond mariage (très grossi).

Fig. 166 — Fond de tulle (très grossi).

cette dernière paire et refaire le point en sens inverse après avoir planté la 1ʳᵉ épingle de droite de la 2° rangée. Remarquer que le travail du point torchon a un sens en diagonale (fig. 161).

Explication du fond à la Vierge.
— Fixer les fuseaux par groupes de 4. Nous travaillons d'abord avec 2 groupes, ce point étant basé sur le point torchon. Comme dans ce dernier, prendre : les 2 fuseaux de droite, 1ᵉʳ groupe et les 2 fuseaux de gauche 2° groupe, tordre chacun de droite à gauche; ensuite passer le 2° sur le 3°; le 4° sur le 3°; le 2° sur le 1ᵉʳ, poser l'épingle et passer le 2° sur le 3°.

Fig. 167. — Fond de tulle à maille hexagonale (tulle de dentelle Chantilly, très grossi).

Tordre chaque paire. Abandonner la paire de droite, prendre à gauche les deux fuseaux de la 1re paire, les tordre et refaire un point torchon avec la paire immédiatement à droite qui, ici, se trouve être la 2e paire, laisser ces fuseaux. Prendre les 2 fuseaux de droite du 2e groupe de 4, les tordre une fois et faire un nouveau point torchon avec la paire immédiatement à gauche qui ici est la 3e.

Prendre les 2 paires intérieures 2e et 3e, faire un nouveau point torchon.

A ce moment prendre les 4 fuseaux qui se trouvent être à droite, passer le 2e sur le 3e. Faire de même avec les 4 fuseaux qui sont à gauche, 2e sur 3e et le point est terminé. Recommencer avec les 8 fuseaux suivants (fig. 168).

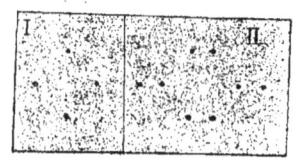

Fig. 168. — I. Piqué de tulle ordinaire. II. Piqué de tulle à maille hexagonale.

Explication du fond mariage. — Commencer avec deux groupes de 4 fuseaux. Prendre les deux fuseaux de droite du premier groupe et les deux fuseaux de gauche du deuxième groupe. Les tordre chacun deux fois et exécuter le croisement comme il suit : le 2e sur le 3e ; le 4e sur le 3e ; le 2e sur le 1er.

Poser l'épingle entre les deux paires, puis tordre le 2e sur le 1er deux fois, et le 4e sur le 3e deux fois. Enfermer l'épingle en mettant le 2e sur le 3e et tordre deux fois chaque paire. Abandonner la paire de droite et garder l'autre pour faire avec la paire de gauche tordue deux fois du 1er groupe, un nouveau point, comme celui que nous venons de décrire, c'est-à-dire : le 2e sur e 3e ; le 4e sur le 3e ; le 2e sur le 1er, poser l'épingle ; le 2e sur le 1er, 2 fois ; le 4e sur le 3e, 2 fois ; e 2e sur le 3e ; tordre deux fois chaque paire.

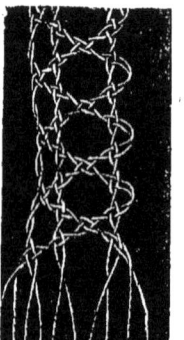

Fig. 169. — Éternelle ou point de rose.

Guipure du Puy en fil blanc.

Ici interviennent les 2 fuseaux faisant partie du point de gauche avec lesquels il faut faire un point identique à ceux que nous avons décrits.

Continuer en suivant la figure 164. Chaque point ayant le même croisement.

Explication du fond de tulle. — Attacher sur le métier deux groupes de 4 fuseaux. Prendre les deux fuseaux de droite du 1ᵉʳ groupe et les deux fuseaux de gauche du 2ᵉ groupe, tordre trois fois ; les croiser : le 2ᵉ sur le 3ᵉ, poser l'épingle entre, et tordre 2ᵉ sur 1ᵉʳ, trois fois ; 4ᵉ sur 3ᵉ, trois fois (fig. 166).

Explication du tulle à maille hexagonale. — Ce point présente les mêmes torsions que le point de tulle, l'aspect différent des deux fonds ne provient que de la façon de placer les épingles (voir les figures 167 et 168).

Explication de l'éternelle. — Attacher sur le métier deux groupes de 4 fuseaux.

Prendre les 2 paires intérieures de 2 fuseaux.

Les tordre une fois, faire le point torchon, abandonner la paire de droite.

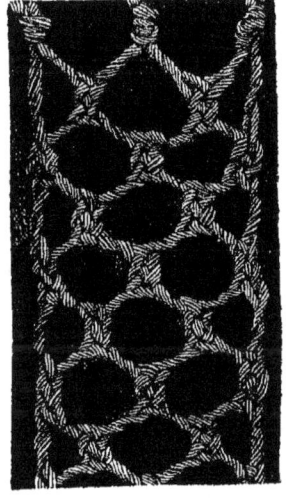

Fig. 170. — Fond Bruxelles (très grossi).

Prendre la paire extérieure de gauche, la tordre et faire un point torchon.

Abandonner la paire de droite. Ici interviennent les 2 fuseaux faisant partie du point de gauche avec lesquels il faut faire un point torchon.

Continuer en suivant la figure 169.

Chaque point ayant le même croisement de fil.

Explication du fond Bruxelles. — Attacher sur le métier deux groupes de 4 fuseaux

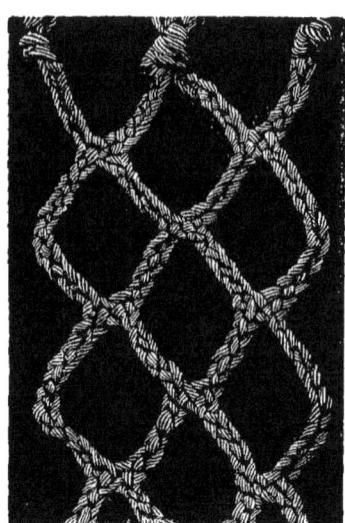

Prendre les 2 fuseaux de droite du 1ᵉʳ groupe et les deux fuseaux de gauche du 2ᵉ groupe, les tordre 2 fois, puis exécuter avec ces 4 fuseaux 3 fois le point de corde de quatre. Tordre deux fois chacune des deux paires de fuseaux. Abandonner une paire, faire un nouveau point avec la paire faisant partie du point à côté (voir la figure 170).

Explication du fond Valenciennes.

Prendre deux groupes de 4 fuseaux, avec le 1ᵉʳ groupe faire une corde de 4, cinq fois; faire de même avec le groupe de droite, — pour la jonction, exécuter un croisement, comme au point torchon, des deux paires intérieures seulement, et refaire cinq fois les cordes de 4. Nouvelle jonction d'une des paires avec la paire empruntée au point à côté (voir la figure 171).

Fig. 171. — Fond Valenciennes (très grossi).

Explication du point d'esprit. — Le point d'esprit est ovale ou carré. Il s'exécute avec 4 fuseaux. Pour un point d'esprit ovale, attacher 4 fuseaux à une épingle et passer le 1ᵉʳ sous le 2ᵉ, sur le 3ᵉ, sous le 4ᵉ, et revenir en sens inverse.

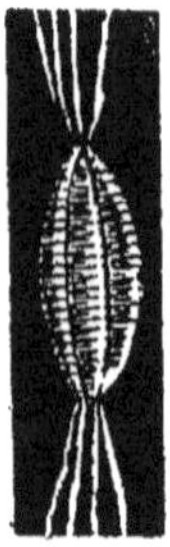

C'est le 1ᵉʳ fuseau qui passe régulièrement dessus et dessous les 3 autres qui ne travaillent pas.

Il faut maintenir le 2ᵉ et le 4ᵉ fuseaux fortement tendus, alors que le 1ᵉʳ ne doit jamais être serré.

La régularité de la forme s'obtient par une tension

Fig. 172. — Manière de commencer un point d'esprit.

Fig. 173. Point d'esprit terminé.

PRINCIPAUX POINTS DE LA DENTELLE AUX FUSEAUX 215

plus ou moins forte ou un écart plus ou moins grand du 2ᵉ et 4ᵉ fuseaux (voir la figure 172 et la figure 173.

Devoir du dessinateur

S'exercer à la mise en carte et au piquage de divers dessins simples pour dentelles et entre-deux.

Devoir de la dentellière

Faire des études des différents points exécutés en très gros fil.

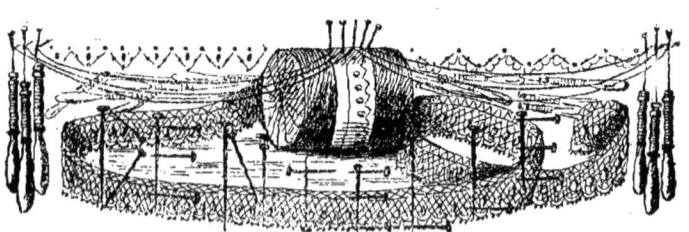

DIX-NEUVIÈME LEÇON

La bizette. — La mignonnette. — La campane. — La gueuse. — Le point de Paris. — La dentelle de Dieppe, de Lille, d'Arras, du Quesnoy, d'Aurillac, de Tulle.

Plusieurs dentelles modestes ont peu d'histoire. Nous les avons réunies en une leçon afin de laisser en pleine lumière les noms principaux qui se sont perpétués jusqu'à nos jours.

A la fin du xv⁰ siècle, on fabriquait en France des ceintures de soie bordées d'une sorte de tresse à réseaux qui avait nom *bizette;* ce nom lui était venu probablement, de ce que la soie avec laquelle elles étaient faites avait la couleur du pain bis. Il est relaté qu'en l'an 1548 on garnissait les costumes de taffetas de passements, et qu'ils étaient bordés de bizette. Quelques années plus tard, les historiens racontent qu'Élisabeth de France faisait des achats de bizette.

Les premières dentelles aux fuseaux ont été nommées passements. Vers la fin du xvɪ⁰ siècle, le peuple suivait de loin la mode de la cour qui portait si haut le goût des dentelles; les bourgeoises et les fermières garnissaient leurs robes et leurs bonnets de petites dentelles que l'on nommait *mignonnette, campane, gueuse.* Fabriquées avec un très petit nombre de fuseaux, ces dentelles fort étroites ne comportaient presque pas de dessins. Elles se faisaient dans les environs de Paris ; et le *point de Paris* nous est resté à peu près seul de tous ceux qui ont fait vivre tant d'ouvrières de la région. Dès les premiers temps du xvɪɪ⁰ siècle on estimait à plus de dix mille le nombre des familles de l'Ile-de-France qui s'adonnaient à la fabrication de la dentelle.

Le réseau du point de Paris constitue le caractère spécial de cette dentelle; il est hexagonal, coupé par des horizontales qui forment des petits trous aux angles; il a un aspect tout particulier, même abstraction faite du fleurage et du textile; on l'a utilisé dans la fabrication de la dentelle de Chantilly et dans la guipure du Puy, tantôt comme fond principal, tantôt comme jour accessoire. Au Havre, à Dieppe, ainsi que sur une longue étendue de pays allant de la Bretagne, à l'Artois et jusqu'à la Flandre, les populations s'adonnaient aux travaux des fuseaux, au XVIIe siècle, sans s'ingénier à trouver de nouvelles passes de fils. Les copies des types primitifs s'étaient dénaturées peu à peu de façon à constituer une dentelle autre sinon essentiellement nouvelle et qui prenait le nom de la localité où elle semblait naître.

La dentelle de Dieppe est celle qui est parvenue presque jusqu'à nous sous forme de réseau à fortes mailles rondes ou à fines mailles carrées. On y a exécuté aussi des fonds à la Vierge supportant des

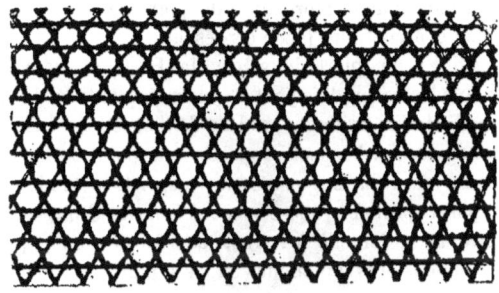

Fig. 174. — Aspect grossi du réseau du point de Paris.

trèfles en grillé entourés d'un gros fil légèrement cordonné. Ce genre de dentelle n'a pu tenir longtemps devant la concurrence des Flandres et de la Haute-Saône.

On a fabriqué des dentelles aux fuseaux à Lille dès la fin du XVe siècle. En 1582, la corporation des dentellières figura dans le cortège qui reçut le duc d'Anjou dans la capitale flamande. On affirme que le retour de Lille à la France par le traité d'Aix-la-Chapelle avait provoqué l'émigration à Gand des ouvrières dentellières. La dentelle de Lille se rapprochait de la Valenciennes et de la Malines par son aspect général; mais le point de Lille n'a jamais atteint la finesse des dentelles qu'il imitait. A l'origine le dessin en était simple, à petits jours entourés d'un gros fil, les fonds semés de mouches carrées appelées point d'esprit, le bord était droit et orné de picots extérieurs; ce genre définitivement classé a vu son succès assuré. On l'a employé longtemps pour garnir les coiffes normandes, bretonnes, vendéennes et poitevines. Vers le xviii° siècle les dessins du point de Lille se sont enrichis de grands rinceaux garnis de fleurs stylisées aux centres ornés de jours mouchetés et toujours entourés d'un léger cordonnet en saillie sur les innombrables trous dont les fleurs sont percées. Les bords sont festonnés et les fonds à point d'esprit carré. A ce moment la dentelle de Lille eut un grand succès, sa fabrication occupait plus de 15,000 ouvrières. Le point de Lille était en usage le plus généralement pour les trousseaux et garnitures de robes. On en faisait en fil et aussi en soie noire, que l'on a imité à Caen et au Puy. Il reste peu ou point d'ouvrières à Lille quoique le genre ait survécu. C'est à Turnhout que la fabrication du point de Lille est allée s'implanter et qu'elle a continué jusqu'à présent.

Il y a un quart de siècle, la Bretagne, la Vendée, et même la Haute-Loire produisaient d'énormes quantités de dentelles en bande de fil de lin brillant, brodées de fleurettes et de pois au passé dont les dessins et l'aspect rappelaient le point de Lille.

Arras a dû longtemps sa prospérité à l'industrie de la dentelle; il paraît probable que c'est sous Charles-Quint qu'on a commencé à faire de la dentelle à Arras. Cette fabrication y prit naissance dans les monastères de femmes où les nonnes excellaient aux travaux de toute espèce.

Les fuseaux contribuèrent longtemps à orner les statues des saints de passements d'or, d'argent ou de soie, ou à garnir les aubes, les chappes ou encore les lingeries d'église. On a fabriqué en Artois de la *mignonnette* et aussi des entoilages à bords droits dont l'Angleterre consommait de grandes quantités.

La technique de cette dentelle fut sensiblement la même que celle de Lille, un réseau bien tordu à mailles rondes, garni de fleurettes, de pois détachés avec fil contournant le dessin à bords fleuris.

Les fils employés étaient d'un titre moyen et leur solidité les faisait apprécier pour la lingerie. Ce genre a atteint son apogée vers le premier Empire et n'a fait que décliner depuis.

La ville du Quesnoy est à peu près ignorée comme fabrique de dentelles, mais c'est cependant au bureau que Colbert avait fondé dans cette petite ville, que l'on doit la création de la Valenciennes, cette splendide dentelle qui a occupé si longtemps, le premier rang des dentelles aux fuseaux. A ses débuts on a peu parlé de la fabrication faite au Quesnoy, où des maîtresses flamandes enseignèrent le travail serré et plat qui est resté le tissu des fleurs de la Valenciennes. La dentelle faite au Quesnoy fut baptisée du nom de la cité voisine qui était appelée à devenir au xviii° siècle un grand centre dentellier.

Aurillac a commencé à travailler les dentelles dès le xiv° siècle. On serait tenté de supposer que l'idée en fut importée d'Italie si l'on ne savait que dans tout le Midi de la France, on était plus ou moins adonné à ce genre de passe-temps. Cependant, on peut admettre que les colporteurs auvergnats qui allaient en Espagne écouler les dentelles de fil d'Aurillac, en aient apporté la fabrication de ces grosses guipures d'or et d'argent que l'on a exécutées à Aurillac, ainsi qu'à Murat. *Le Mercure* de 1687 mentionne des garnitures de point d'Espagne ou d'Aurillac, ce qui établit une analogie entre les parures des riches seigneurs espagnols ou auvergnats.

La Révolution de 1793 a anéanti ces centres dentelliers.

Nous ne mentionnons, ici, Tulle que pour dire quel doute règne sur les productions de cette localité. Le nom de *tulle* est la plus grande preuve existante qu'on ait fabriqué le réseau du tulle dans la Corrèze. En revanche, on a fabriqué du tulle aux fuseaux dans tous les pays. Les ouvrières ont débuté par faire de petites bandes de 3 à 4 centimètres, puis elles les ont bordées d'un petit mat droit d'abord, qu'elles ont dentelé ensuite.

Jusque vers la moitié du règne de Louis XIV on a porté les dentelles à plat; elles étaient épaisses et fabriquées dans ce but, on n'aurait pu les froncer à cause de leur raideur. Mais à partir de cette époque, le goût changea, la mode voulait que l'on plissât les dentelles, qu'on les chiffonnât, on se mit à entasser les rangs de volants les uns sur les autres dans les garnitures des costumes, et il devint nécessaire de créer un genre de dentelle ordinaire et uni pour mettre en dessous des belles dentelles et les soutenir. Ces dentelles de second ordre ne devaient pas avoir de dessin afin de faire ressortir davantage celui de la dentelle posée sur le dessus du rang de volants.

Le nom de tulle donné au réseau fait à la main a été étendu depuis à tous les réseaux mécaniques et à une très grande variété de tissus transparents, qui sont tous connus sous le nom de tulle; on y ajoute un qualificatif pour s'y reconnaître : tulle illusion, tulle point d'esprit, etc., etc., mais primitivement, le tulle était bien un genre de dentelle faite aux fuseaux et à mailles régulières. Lille produisait au cours du siècle dernier des bandes de tulle uni ou à point d'esprit, destinées à rehausser des bonnets ou des coiffes. La qualité se rapprochait des fonds de Lille et d'Arras, le prix était au mètre en longueur et à la ligne en largeur.

Il a existé au XVIII° siècle, une sorte de tulle à maille carrée qui s'employait en garnitures pour des volants, des ruches, etc., etc.; on lui donnait le nom de *Marly*, nom tiré d'un village situé près de Versailles. — Les seuls dessins que comportait le Marly étaient des pois ou des points d'esprit. — Dans les dernières années de sa vie, Marie-Antoinette affectionnait et employait beaucoup les garnitures en tulle de Marly. Pendant les années qui ont précédé la Révolution de 93, la mode du tulle a été très grande, cette fabrication occupait plus de cent mille ouvrières en France. Et même, ce travail facile nécessitant peu de fuseaux avait tenté beaucoup de dames et il était de mode de faire du tulle.

Le tulle aux fuseaux se fabrique encore actuellement en Belgique, sous le nom de Drochell; il sert de fond pour y appliquer des fleurs faites à l'aiguille ou aux fuseaux. Ces dentelles anciennes ne peuvent être le sujet d'un devoir pour le dessinateur ni pour la dentellière.

Guipure du Puy en soie noire.

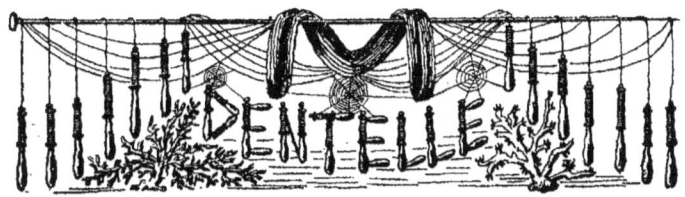

VINGTIÈME LEÇON

Le Puy, Craponne et Mirecourt.

(Voir les planches hors-texte pages 211, 221, 231.)

Historique. — C'est à la ville du Puy qu'on attribue la plus grande ancienneté dans la fabrication des ouvrages aux fuseaux en France. Des historiens fixent au xv° siècle l'apparition des premiers types des dentelles du Puy et des environs. Et c'est à Saint-François Régis qu'on a attribué le maintien de la fabrication de la dentelle dans le Velay, parce qu'il obtint la révocation d'une ordonnance de la cour du Parlement de Toulouse qui interdisait en 1640 à toute personne, de quel sexe ou condition qu'elle soit, de porter des ornements en dentelle. — Cette ordonnance réduisait à la misère les dentellières de cette région.

Les premières dentelles fabriquées aux fuseaux et qui s'appelaient alors, comme nous l'avons dit, passements, étaient ces guipures dont les anciens livres de patrons nous ont révélé les dessins légers et profondément découpés en dents pointues. —

Fig. 175. — Passement aux fuseaux XVI° siècle.

Cette fabrication n'a jamais cessé en Auvergne et elle s'est principalement localisée dans la région du Puy et de Mirecourt (1).

---

(1) La ville du Puy était la patrie d'un grand nombre de colporteurs qui, sous le nom de maringotiers, faisaient dès les xv° et xvi° siècles le commerce des merceries, passementeries, dentelles et mousselines, en parcourant à pied et parfois en voitures nommées maringotes, la France et tout le Midi de l'Europe, transportant leurs ballots de marchandises; et souvent accompagnés de leurs enfants, dès que ceux-ci étaient capables de porter un fardeau, et quelquefois de leurs femmes aussi.

On suppose qu'il n'est pas impossible que l'une de ces dernières ait appris en

Le Puy a d'abord copié les guipures italiennes à dessins géométriques, plus tard on a suivi le courant de la mode et on y a fait, en fils trop gros, les Valenciennes et les Malines, le point de Lille et le Chantilly.

La fabrication de la guipure faite par bandes à dessins géométriques, de rosaces, de carrés ou d'étoiles est restée l'apanage classique de l'Auvergne. — Le commerce de la dentelle de fil blanc a été pendant longtemps la principale branche de fabrication du Puy, la vente de ces guipures s'étendait jusqu'en Amérique. Il n'y avait pas en Auvergne qu'un centre unique de production, chaque village était une sorte de manufacture indépendante, et c'était dans les magasins du Puy que venaient, aux jours des grands marchés, s'entasser tous les travaux des dentellières. — Selon un usage curieux, chacune apportait sa pièce de dentelle enroulée sur un morceau de bois sculpté de dessins naïfs. — Ces morceaux de bois étaient offerts par les jeunes gens à leurs fiancées pour se concilier leurs bonnes grâces.

Cependant toutes les ouvrières ne pouvaient venir elles-mêmes à la ville apporter leur travail; des intermédiaires s'établirent entre la dentellière et les marchands, toute une corporation de femmes se forma pour aller porter et reprendre le travail à domicile. On leur a donné le nom de *leveuses*. On peut les voir encore, parcourant les campagnes, recueillant le travail terminé par les paysannes et leur distribuant les cartons et les matières premières pour la fabrication d'autres dentelles. Parfois ces *leveuses* donnent rendez-vous sur les places des villages aux ouvrières. Les hameaux et les fermes étant très éloignés les uns des autres dans cette région montagneuse, la leveuse ne pourrait aller chez chacune des dentellières.

Aujourd'hui les voies de communications se sont améliorées, la

---

Italie l'art de la dentelle aux fuseaux et l'ait rapporté dans son pays où elle l'aurait enseigné aux femmes de l'Auvergne. — Cette hypothèse est la même que pour l'origine de la fabrication de la dentelle à Aurillac. — Les maringotiers voyageaient également en Espagne, et on constate une curieuse ressemblance entre le mot employé jadis au Puy pour désigner les dentelles dans le patois du pays et le mot Espagnol qui signifie dentelle. — Au Puy, on disait en parlant des dentelles *pointas* ou *las pointas* (pointues) ce qui ferait remonter aux premières dentelles, en effet si pointues, l'origine de cette appellation, alors qu'en espagnol, dentelle s'exprime par le mot *punias*. L'étymologie pourrait ainsi remonter aux temps où les colporteurs voyageaient en Espagne et en auraient rapporté cette dénomination.

plupart des fabricants visitent eux-mêmes leurs ouvrières les plus rapprochées et n'emploient les *leveuses* que pour celles trop éloignées (1).

Le Velay et l'Auvergne sont actuellement la région où il reste le plus de dentellières en France, quoique la fabrication de la dentelle y ait subi des crises graves et prolongées. On a pu dire que les femmes

Fig. 176. — Bande de guipure du Puy à dessin de rosaces (moderne).

de l'Auvergne apportent en naissant le sentiment de la dentelle au bout de leurs doigts ; dès le plus jeune âge, 4 à 5 ans, la paysanne, la fermière et souvent la bourgeoise a été mise au travail des fuseaux. Il y a lieu de regretter que la mode des guipures de l'Auvergne n'ait pas été plus durable, car elles ont constitué, fabriquées en soie, les plus beaux produits de l'industrie *ponnote* (2) au siècle dernier. De somp-

---

(1) L'enseignement de la dentelle au Puy et dans les environs était fait autrefois par les *Béates*. La *Béate* habitait généralement une petite maison de deux pièces dont la plus grande devenait un atelier où elle réunissait les jeunes dentellières du village qui apportaient leur carreau et travaillaient en commun sous sa direction ; son costume était à peu près monacal. Sa maison était d'un aspect en rapport avec son costume, elle était surmontée d'un petit clocheton qui la faisait reconnaître. Les Béates étaient presque toujours des laïques et ne prononçaient pas de vœux ; quelques-unes, plus rares, étaient vraiment des religieuses. Maintenant les Béates n'existent plus; mais les dentellières se réunissent toujours pour travailler. En été on les voit dans la rue, sur le pas des portes, rassemblées en groupes de 5 ou 6. En hiver ce sont les veillées qui réunissent encore les dentellières dans la pièce principale d'une habitation souvent exiguë.

(2) Ponnots et Ponnotes est le nom donné aux habitants du Puy.

tueux dessins à fond de brides ou de réseaux variés encadrant des médaillons à fleurs en Chantilly; des blondes soyeuses étalant leurs larges roses ajourées, des fichus, des barbes, des coiffures, des châles même alimentaient heureusement la fabrique et lui maintenaient le goût des qualités supérieures. Une moyenne de cent à deux cents fuseaux était nécessitée par la richesse des dessins. Les raccrocs horizontaux des larges bandes étaient invisibles. La solidité de ces belles guipures les fit durer trop longtemps et la mode s'en lassa.

Les guipures de laine n'ont atteint nulle autre part le degré de perfection et les prix qu'elles ont en Auvergne. La laine est un textile difficile à rompre aux passements des fuseaux. Le Puy y excelle cependant, et la Haute-Loire produit une guipure de laine un peu lourde de laquelle il ne faut exiger aucune finesse de dessin, mais qu'on a su plier à toutes les exigences du goût moderne pour l'associer à la toilette féminine. Mélangé à des fils de métal d'or ou d'argent, ce genre a obtenu une faveur marquée dans la grande couture et pris la place des guipures de soie. Leur apogée fut atteinte de 1880 à 1885, époque où 25.000 ouvrières travaillaient à ces articles faciles, faits par bandes avec une moyenne de 30 à 50 fuseaux et avec des dessins simples qui avaient abaissé le goût et gâté la main de celles qui s'y étaient adonnées.

On a fait jusqu'à des volants et des laizes de 1 m. 20 de haut en outes couleurs foncées. — Les guipures de laine blanche ou noire ont employées, les premières à garnir des pelisses d'enfant, les secondes à faire des volants de jupon. — Les fabriques de dentelle mécanique de Calais ont vainement essayé de travailler à des prix aussi avantageux, étant gênées par les lamelles d'acier de leurs métiers qui coupent les fils de laine au passage.

Les grosses guipures de Craponne sont employées avec succès dans l'ameublement. Les articles de fil, les guipures torchon, servent pour garnir les lingeries ordinaires et sont toujours employés, malgré la concurrence de la Belgique, qui fabrique des dessins et des qualités analogues.

Pour maintenir la dentelle au rang qu'elle a toujours occupé dans cette région et lutter contre la concurrence étrangère, l'application de la loi de 1903 sera un bienfait.

Dès octobre 1905, les institutrices primaires sont chargées d'en-

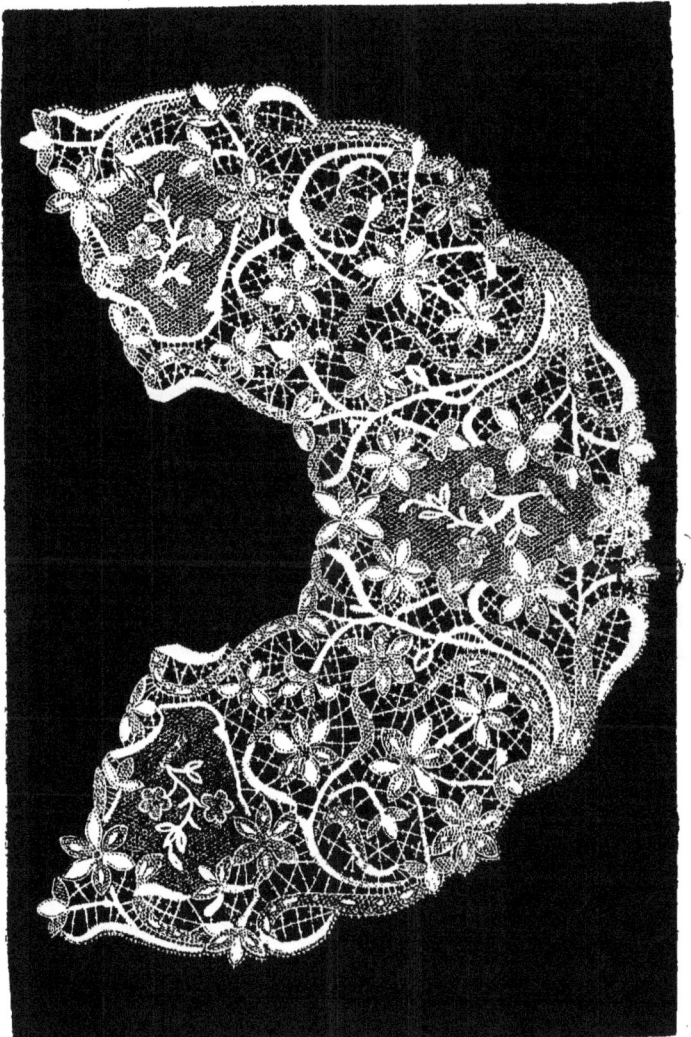

Fig. 177. — Col en guipure du Puy exposé au Salon des artistes français en 1903.

seigner à leurs jeunes élèves, les principes généraux de la dentelle et leur mise en pratique, conformément à la loi votée sur l'initiative de MM. Engerand et Vigouroux, députés du Calvados et de la Haute-Loire. Une école professionnelle et une école de dessin, créées au Puy, constituent une des tentatives les plus importantes faites dernièrement dans l'esprit du relèvement de l'industrie de la dentelle à la

Fig. 178. — Grosse guipure de fil, fabrication moderne de l'Auvergne.

main. Une dame Francheterre vient de laisser 30.000 francs à cette école pour être employés en prix et encouragements aux professeurs et aux élèves.

La période la plus brillante pour la production des belles pièces de dentelle en Auvergne, est celle qui s'est écoulée de 1840 à 1870 et pendant laquelle les célèbres Faleon, ont exécuté les superbes guipures de soie noire dont le musée du Puy possède des spécimens remarquables. A la beauté des dessins conçus et fabriqués par des gens du métier, s'allient une richesse et un fini d'exécution qui n'ont pas été dépassés.

Pendant les années d'une période qui dura de 1869 à 1874, le travail de la dentelle était si rémunérateur dans le Velay, que les dentellières négligeaient les soins de leur ménage et abandonnaient les travaux de culture des champs, pour se consacrer uniquement à la dentelle ; à cette époque, pressées de commandes, les ouvrières avaient perdu l'habitude de travailler consciencieusement. Ce moment de prospérité a peu duré, la dentelle aux fuseaux a eu à lutter contre la production mécanique de Nottingham et de Calais, qui lui ont porté une sérieuse atteinte, dont elle se relève cependant par ses bas prix, cela permet d'augurer que, malgré la concurrence des métiers, l'industrie de ce pays restera florissante.

Au Puy, les fabricants essaient tous les genres, et à chaque saison ils s'ingénient à trouver quelque chose de nouveau. Tour à tour, on y a copié plusieurs sortes de dentelles. En 1885 on y a fabriqué des bandes de tulle brodées au passé dont la demande s'est généralisée sous le nom de *bretonne*. Puis, les guipures de fil blanc furent jaunies pour imiter les vieilles dentelles, les fabricants faisaient ocrer les fils par le filateur et l'employaient avec succès malgré les vieilles ouvrières longtemps rebelles à cette innovation. On comprend sous la même dénomination de guipure « Cluny », les guipures faites en Auvergne ; ce nom donné il y a quelques années aux dentelles du Puy, fut probablement tiré des spécimens anciens des travaux de ces contrées, exposés au musée de Cluny.

Craponne, en tant que cité industrielle, était presque inconnue avant 1870. Cette région possède d'excellentes ouvrières, habituées à travailler le fil blanc en guipures, pour lingeries et ameublement. Alors que, dans la région du Puy, on s'emballait sur les laines et que après avoir travaillé les cotons, les soies et les mélanges, on passait aux tulles brodés, aux crins, aux Clunys ocrés, à Craponne, on poursuivait silencieusement l'amélioration des dessins et des qualités qui constituaient solidement sa réputation. — Les guipures de fil blanc d'une solidité incomparable et d'une régularité parfaite, étaient devenues la production de Craponne et on donna bientôt le nom de cette industrieuse cité, à toute une classe de guipures blanches, fortes et blanchissables autant que la toile qu'elles ornent, en garnitures de

Guipure des Vosges, genre Arabe.

nappes, sous-bois, draps, taies, couvre-lits, rideaux qui se sont garnis avec des guipures de Craponne.

L'excellence des fils, l'exécution serrée des mats, la finesse des amandes point d'esprit, la solidité du croisage des cordes, la délicatesse des picots, sont les qualités incontestables et incontestées de l'article de Craponne. Les ouvrières de ces contrées sont malheureusement en grand nombre illettrées.

La fabrication des dentelles de Mirecourt, dans les Vosges, est une des plus anciennes de France. On y faisait le même genre de guipures qu'au Puy, mais le travail était d'une plus grande finesse et d'exécution très soignée.

La production de Mirecourt est une des mieux comprises au point

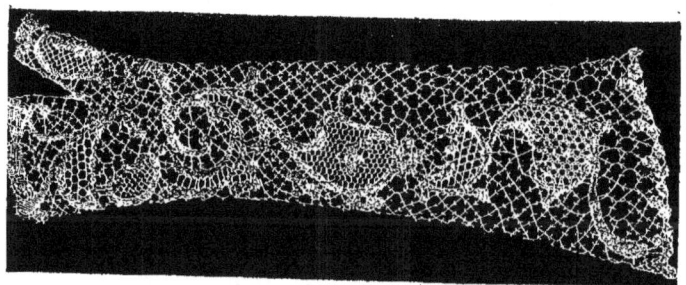

Fig. 179. — Mitaine en guipure Cluny.

de vue artistique; malgré cela, cette industrie a beaucoup souffert de la concurrence de l'Auvergne et de la Belgique. Il existe au musée de Cluny un grand col mentionné comme ayant été porté par Marie de Médicis. Sa bordure rappelle les modèles des anciens livres des patrons de Foillet de Montbéliard. La guipure de ce col est d'un aspect tout à fait analogue à celle fabriquée à Mirecourt.

Le travail des fuseaux appliqué aux carreaux tournants a permis aux fabricants de cette contrée d'aborder des difficultés qui auraient été insurmontables pour ceux du Puy et de Craponne. On leur doit les plus belles productions de l'industrie française comme ampleur, hardiesse et élégance des dessins, et puissance et richesse d'exécution. Chaque ouvrière porte en elle le goût de son métier et vient offrir à son fabricant le dévouement éclairé et habile qui concourt à mettre en relief l'excellence des qualités inhérentes à ce pays industriel; à Mirecourt l'ouvrière possède l'instruction qui décuple les forces intellectuelles. La concurrence a obligé les fabricants de Mirecourt à élever le niveau de leur fabrication et à chercher dans des productions variées les débouchés qui, d'autre part, se fermaient pour elle. Après avoir fabriqué du point d'Arras et de Lille, on a essayé au milieu du siècle dernier de l'application du genre de celle de Bruxelles, dont la vogue valut à Mirecourt des commandes de la Belgique même. Puis on y a fait de grosses guipures blanches et bises, d'autres en soie ou en laine. Mais on a successivement délaissé ces articles pour orienter l'industrie vers les grands rideaux et l'ameublement, branche où la fabrication de Mirecourt est maîtresse inattaquable. On y a essayé la reproduction des anciens points exécutés à Venise et en Belgique en les rénovant sur des dessins appropriés aux styles les plus purs ou adaptés aux exigences du mobilier moderne. Récemment on y a fait un genre spécial pour l'ameublement en fil bis, garni de cordonnet et qui est dénommé « arabe », nom qui lui est venu du style de ses dessins. On y fait également des dentelles à fleurs en relief. Les meilleurs fils de lin, les ors fins, les soies les plus brillantes y sont les seuls textiles employés par les fabricants artistes qui ne redoutent aucun obstacle pour maintenir leur renommée légitime.

Le dessin des guipures, en comprenant sous ce nom les diverses productions des dentelles de l'Auvergne, peut se diviser en trois catégories bien distinctes. Le dessin des petites dentelles, dites torchons, et des dentelles à dessins géométriques puisés dans les documents des anciens recueils ou de leurs dérivés; le dessin des articles d'ameublement genre Bruges, à fleurs, rinceaux et ornements; et le dessin des guipures Cluny actuelles qui abordent tous les genres de composition.

Dessin spécial pour les guipures du Puy, de Craponne et de Mirecourt. — Le premier genre de dessin géométrique est spécial aux dentelles simples. Il est très difficile de trouver quelques combinaisons nouvelles, tout ayant été fait ou à peu près; il faut être complètement documenté sur les questions de métier et de fabrication pour oser aborder la composition du dessin de dentelles réputées si simples et si ordinaires; faire bon marché, faire neuf et exécutable, ce sont là des choses très compliquées et dont on ne pourra triompher que par la connaissance des documents des maîtres et de consciencieuses recherches.

La composition des dentelles où l'emploi de la fleur et des ornements est permis sera bien plus facile relativement. Cependant il faut toujours se souvenir, dans la composition destinée aux guipures, des points que l'on veut employer; plus encore que pour les fines dentelles, le compositeur qui aborde le dessin de l'ameublement ou du genre Cluny doit connaître les passes de fuseaux. Cela est de première utilité pour se rendre compte des fonds à mettre près des mats des dessins, de la grosseur des tiges, des jours et des oppositions qui pourront être produits par l'emploi des brides, et de l'effet des points d'esprit

Fig. 178. — Motif en guipure de Mirecourt.

qui viendront rehausser des parties claires d'un effet en relief. Il faut tenir compte de ce que les dentelles sont travaillées dans le sens de la longueur et que le dessinateur doit combiner ses effets de manière à être travaillés en ce sens. Les dents trop profondes dans une dentelle obligent à remettre ou à enlever des fuseaux, il faut donc, autant que possible, prévoir cet écueil.

Dans les guipures, le dessin ne peut avoir aucune prétention à copier la nature : il doit être approprié au genre spécial de l'ouvrage auquel il est destiné et stylisé comme il convient. Dessiner très bien et être compositeur inventif sont des qualités indispensables pour aborder le dessin de cette fabrication qui embrasse tous les genres, et nous conseillons d'étudier aux leçons des diverses dentelles ce qui est expliqué concernant le dessin spécial à chacune, pour y chercher les éléments divers qui sont réunis dans les dentelles que produit l'Auvergne et qui embrasse tous les genres.

Pour les dentelles de Mirecourt, en ce qui concerne les grandes pièces, stores, rideaux, etc., les dessins sont assez généralement puisés dans l'ornementation de la Renaissance italienne, le dessinateur devra pour ce genre s'inspirer absolument des documents de l'époque et des maîtres anciens et gagnera à demeurer dans les lois de style pur.

Lorsque la fantaisie y est admise il convient de chercher à conserver l'ampleur et la richesse de composition de grande allure.

Pour les compositions du genre arabe il faut observer que les motifs sont sertis d'un bourdon qui orne les bords et donne de la fermeté au contour. — On peut donc faire un dessin correct et serré où les larges enroulements de riches ornements auront leur place indiquée.

Matériaux employés pour la guipure Cluny et les dentelles de Mirecourt. — Les matériaux que l'on peut employer pour fabriquer les guipures de l'Auvergne sont des plus nombreux. — On en fait en fil, en soie, en coton, en laine, en métal d'or, d'argent, d'acier, en soie végétale, en ramie, en jute, en crin, en paillettes, etc., etc., la fabrication de l'Auvergne se prête assez docilement à l'emploi de toutes les matières qu'on lui impose.

A Mirecourt les fuseaux moins dociles se plient peu à la fantaisie et préfèrent les fils blancs, crème, beurre ou ficelle.

Exécution des dentelles du Puy, de Craponne et de Mirecourt. — Pour faire les diverses dentelles et guipures du Puy et de Craponne il faut connaître principalement les points de corde, de grille, de toile ou mat, torchon, mariage, de la Vierge, de Dieppe ; le point de tulle et le point de Bruxelles ne sont pas inutiles à savoir. — Tous ces points ont été expliqués ; les connaissant on pourra essayer d'abord de simples petites dentelles faciles qui aideront à comprendre la marche du travail ; pour cela quelques conseils d'une dentellière de profession sont presque indispensables, une fois les points connus et la marche du travail bien comprise, on peut aborder n'importe quel dessin. Pour les débuts on se servira de préférence du métier ou carreau d'Auvergne et de fil de lin, les cotons, la soie ou la laine étant moins faciles à travailler.

Les dentelles de Mirecourt se font sur le carreau tournant, le seul qui permette le travail des grandes pièces, ou par morceaux détachés

Fig. 181. — Motif du genre de guipure dénommée « arabe. »

qui sont réunis après les uns aux autres. On y emploie le point de toile et le point grillé qui servent pour les ornements et les fleurs, et une quantité de points divers pour les fonds, réserves et jours. Lorsqu'elle est contournée d'un bourdon on l'enferme dans le bord du dessin en faisant le travail aux fuseaux.

Elle est souvent agrémentée de bigoudis recousus à la main. La connaissance des points étudiés jusqu'ici permet d'essayer l'exécution de ce genre de dentelle

Devoir du dessinateur

Faire le dessin d'un col en guipure du Puy.
Faire le dessin d'un vitrage en dentelle de Mirecourt.

Devoir de la dentellière

Faire une guipure de gros fil blanc.
Une guipure de soie noire.
Une grosse guipure de laine de couleur.
S'exercer à faire des motifs isolés sur le carreau tournant.

Avant de terminer la leçon traitant des guipures de Cluny, nous croyons devoir signaler les dentelles de ce genre faites à Madagascar; l'industrie naissante de la dentelle à la main y remonte à un quart de siècle environ; elle y fut introduite par des dames européennes. La population féminine malgache, et en particulier les jeunes filles Hovas, témoignent beaucoup de goût pour le travail de la dentelle, c'est leur occupation favorite. Pendant assez longtemps les dentelles de soie, dont la matière première est fournie par le pays, ont constitué le seul genre fabriqué à Madagascar; mais actuellement on y fait aussi des dentelles de fil de lin et de coton qui tendent à remplacer les premières. Le général Galliéni, s'est occupé d'une façon toute spéciale du développement de l'apprentissage de la dentelle dans notre grande île pendant les années où il a été gouverneur général de Madagascar et dépendances.

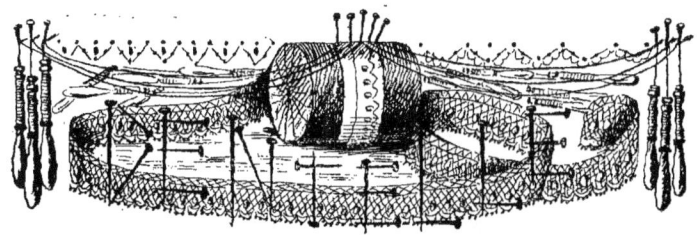

TABLE DES MATIÈRES

✻ ✻ ✻

AVANT-PROPOS 7

PREMIÈRE LEÇON. — Considérations générales sur les origines de la broderie et de la dentelle 9

DEUXIÈME LEÇON. — L'aiguille. — Le crochet. — Les métiers à broder. — Le dessin de broderie. — Le piquage. — Le ponçage. 15

TROISIÈME LEÇON. — Principaux matériaux employés dans la broderie. — Exposé des points. 26

QUATRIÈME LEÇON. — La broderie dans l'antiquité. — En Égypte, en Grèce, à Rome et à Byzance jusqu'au moyen âge. 37

CINQUIÈME LEÇON. — La broderie à fils tirés. — Les jours sur toile 50

SIXIÈME LEÇON. — Le point coupé 58

SEPTIÈME LEÇON. — La broderie au plumetis ou de Nancy. — La broderie anglaise. — La broderie piquée 64

HUITIÈME LEÇON. — La broderie Colbert. — La broderie Richelieu. — La broderie Vénitienne 76

NEUVIÈME LEÇON. — La broderie au passé 83

DIXIÈME LEÇON. — La broderie application (à la main) 94

TABLE DES MATIÈRES

ONZIÈME LEÇON. — Matériaux employés pour les dentelles à l'aiguille. — Principaux points des dentelles à l'aiguille 101

DOUZIÈME LEÇON. — Le filet. — Le lacis. — Le filet vénitien. — Le filet moderne 111

TREIZIÈME LEÇON. — Le point de Venise. 125

QUATORZIÈME LEÇON. — Le point de France. — Le point d'Alençon. . . . 143

QUINZIÈME LEÇON. — Le point d'Argentan. — Le point argentella. — Le point de Sedan 165

SEIZIÈME LEÇON. — Le point à l'aiguille en Espagne et en Flandre. — Le point gaze. 174

DIX-SEPTIÈME LEÇON. — Origines des dentelles aux fuseaux. — Matériaux employés 187

DIX-HUITIÈME LEÇON. — Métiers à dentelle aux fuseaux. — Dessins spéciaux pour les dentelles aux fuseaux. — Piquage des dessins. — Principaux points de la dentelle aux fuseaux. 196

DIX-NEUVIÈME LEÇON. — La bizette. — La mignonnette. — La campane. — La gueuse. — Le point de Paris. — La dentelle de Dieppe, de Lille, d'Arras, du Quesnoy, d'Aurillac, de Tulle. 216

VINGTIÈME LEÇON. — Le Puy, Craponne et Mirecourt. — Madagascar. . . 223

Paris.-Imp. PAUL DUPOST (Cl.) 380.10.1905.

www.ingramcontent.com/pod-product-compliance
Lightning Source LLC
Chambersburg PA
CBHW070521170426
43200CB00011B/2283